路面電車レ・シ・ピ

住みやすいまちとLRT

塚本　直幸｜編

塚本　直幸　ペリー史子
吉川　耕司　波床　正敏
伊藤　雅　　南　聡一郎
著

技報堂出版

まえがき

世界には、住んで心地よく、訪ねて楽しいまちが色々ある。中でも、路面電車が走っているまちには魅力的なところが多い。それはまち歩きと路面電車の相性がいいからだろう。

交通の歴史から見れば、かつて人とせいぜい馬車のものであった道路の上に、約百数十年前に交通機関としてまず路面電車が現れる。路面電車は、誰でもが乗れる交通手段として、人々の行動範囲を大いに広げ、交流を促し、世界中の多くのまちで繁栄を極めた。ついで、約60年前からモータリゼーションの時代に入り、自動車が圧倒的に増加してくる。その結果、多くの都市で路面電車が次々と廃止されて行った。当時、路面電車は、車を邪魔する過去の遺物とみなされたのであった。ところが近年、路面電車が持っている人と環境へのやさしさが注目され、スローなライフスタイルに呼応するものとして、また、まちの魅力や活力を高める交通手段として見直され、いったん廃止された路面電車がモダンなデザイン、バリアフリー、大量・高速輸送等の新しい形や機能を有して復活してきている。このような新たな装いの路面電車システムは、ＬＲＴ＝Light Rail Transit と呼ばれている。ＬＲＴという言葉の詳しいことは第3章で述べる。

本書では、路面電車がどのようにまちの魅力を高めているか、路面電車が消えてしまったまちで路面電車を復活させるべきか、新たな装いであるＬＲＴをどのように導入するのかについて、筆者らの全世界約１００都市での現地調査結果に基づいて述べる。

第1章では、ヨーロッパの地方都市で路面電車を使ってまち歩きをしてみる。観光バスで誰かにつれて行ってもらうのではなく、自分で切符を買って路面電車に乗ってみよう。路面電車の乗り方はとても簡単で、お仕着せでない旅行をすることでそのまちの生活が感じられ、まちの魅力が浮かび上がってくることだろう。さらに、日本とは違う都市交通の様子についても知ってほしい。

第2章では、日本の地方都市で暮らしに根付いた路面電車を紹介する。日本にも十数カ所の都市で路面電車が運行しているが、どれも魅力的で、それぞれのまちの特徴を表す乗り物である。都市ごとに独自の良さを持つと同時に、逆に問題をも抱えており、それらについてもふれてみたい。

第3章では、「LRTがもたらすまちの変化」について述べる。まず、まち歩きの楽しさを支える交通システムのあり方について考え、魅力的なまちにするためのLRTの役割についてまとめる。次に、LRTがもたらす歩行者空間の上質化について、数多くの実例を示しながらとりまとめる。また、人々が歩くための空間＝歩行者空間とLRTの関わりについて、トランジットモールという概念について説明し、歩行空間をどう改造するか述べる。最後に、LRTという交通施設の導入と人々の意識の変革について述べる。

第4章では、「LRTをつくるためには」というテーマで述べる。LRTの良さが理解できたとして、自分のまちにLRTはふさわしいのか、その要件を列挙する。続いて、LRTを導入するためにはどのようなことを考えれば良いかその計画の枠組みについて延べ、実際に軌道を敷設するための検討事項を示す。最後にLRTを導入するための国からの支援制度を紹介し、今後どのようにその制度を整備すれば良いかについて、社会的合意形成のことも含めてそれらの課題について述べる。

都市交通問題の解決、都市の環境保全、中心市街地の活性化等にLRTは大きな役割を果たすとして世界中で注目され、ヨーロッパ、アメリカ、中国等で整備が進んでいる。しかし、日本ではLRTは期待されながらも整備は進んでいない。本書は、実例を通して路面電車あるいはLRTの良さを紹介し、またLRTを活かしたまちづくりの手順、制度、課題を多くの人に知ってもらう目的で書かれた。

本書で用いられた図表、写真は、明記されたものを除いて、筆者らが作成、撮影したものである。

目次

● **編著者**

塚本　直幸（つかもと　なおゆき）

所属：大阪産業大学 デザイン工学部 環境理工学科

専門：都市計画、都市交通計画、道路計画、環境計画

担当箇所：1章　ビルバオ、コラム「トラムの乗り方」、

2章　堺、長崎、

3章　3-1、3-4、コラム「都市において自動車はどうあるべきか」

4章　4-1、4-4、コラム「道路空間の『公共性』に関する市民意識」

● **著　者**（五十音順）

伊藤　雅（いとう　ただし）

所属：広島工業大学 工学部 環境土木工学科

専門：都市地域計画、交通計画

担当箇所：1章　カールスルーエ、コラム「各国のトラムの新設動向」、

コラム「ドイツのトラム」

2章　広島、コラム「日本の路面電車の整備動向」、

コラム「工事が始まった宇都宮ライトレール」

波床　正敏（はとこ　まさとし）

所属：大阪産業大学 工学部 都市創造工学科

専門：交通計画、地域計画

担当箇所：1章　ストラスブール／2章　富山、高岡・射水、福井

3章　3-3／4章　4-3

ペリー　史子（ぺりー　ふみこ）

所属：大阪産業大学 デザイン工学部 建築・環境デザイン学科

専門：都市計画、建築計画、インテリア

担当箇所：1章　モンペリエ／2章　岡山／3章　3-2

南　聡一郎（みなみ　そういちろう）

所属：中央大学研究開発機構、パリ社会科学高等研究院日仏財団、あおぞら財団

専門：財政学、環境経済学、交通政策論

担当箇所：1章　ディジョン、ボルドー／2章　札幌／3章　3-4／4章　4-2、4-5

吉川　耕司（よしかわ　こうじ）

所属：大阪産業大学 デザイン工学部 環境理工学科

専門：都市計画、交通計画、空間情報、防災

担当箇所：1章　アンジェ、トゥール、サラゴサ／2章　松山

「絵：Mariko Perry　アメリカで活躍するアーティスト」

第1章

トラムでヨーロッパ地方都市のまち歩き

今、ヨーロッパで新しいトラム路線が次々と開通している。1960 ～ 1970年頃に欧州でもモータリゼーションの波に押されて、多くの都市でトラムが廃止されたが、それが次々と復活してきている。最近開通した路線の車両は、デザインがモダンで、バリアフリーな超低床式で車椅子やベビーカーも簡単に乗り降りでき、音も静かに走っている。トラムの新規開通に合わせて、まちもにぎやかになっている。

本章では、近年新規トラムの開通が続くフランスを中心に、スペインやドイツのいくつかの地方都市のトラムを取り上げて、トラムを使ったまち歩きに出かけてみよう。

架線が設置できない狭い道を通って中心広場へ

Angers

アンジェ

新しいトラム橋、そしてギリギリカフェ

アンジェは、フランス西部のメーヌ＝エ＝ロワール県の県庁所在地であり、人口約15万人、パリからはフランスの高速列車TGVで約1時間半の距離にある。11世紀に建てられたアンジェ城をはじめ、中世の雰囲気が楽しめる。アンジェ市内の公共交通はバスとトラムが担っており、トラムは1系統12.3 kmの営業距離である。街には幅の狭い道路が多いという悪条件を、架線を設置せずにかつ単線の区間を設ける等の工夫や、専用橋を架設することで乗り切り、2011年の開業に至った。

虹色のトラムが滑り込む

ＴＧＶがアンジェ・サンロード駅に到着する。前面がすべてガラス張りのモダンな駅舎、駅前の風景が広がる。Tram A と示された案内板の指す方向は右側。そちらを見ると、エスカレータがある。エスカレータを上るとそこはもうトラムの乗り場。そう、ＳＮＣＦ（フランス国鉄）の跨線橋上に、フランス語で駅を示す「ガール」と名づけられたトラムの停留所がある。白をベースに虹色のストライプが斜めに配されたトラムが入ってきた。チケットを券売機で購入してトラムに乗り込み、街の中心となるラリアマン広場を目指して北に向かう。まずはカラフルな天井が目に入る。この地方の谷に咲く花がデザインされているという。

公共交通ネットワークの一括運営

車窓から見える街を行き交うバスも同じレインボーカラーの外装だ。

アンジェの公共交通の管理と運営は一括して民間委託されており、irigo というブランド名で、トラムとバスだけでなく、居住者用には自分の車を駐車した後、直近の停留所からトラムに乗れるパークアンドライド駐車場、オンデマンド・タクシー、さらに自転車貸し出しサービスに至るまで「irigo ネットワーク」としてサービス提供されている。トラム、バス、自家用車やタクシー、自転車といった輸送手段を組み合わせることによって、市民へ最大限のモビリティ（移動手段）を提供しようという方針をとっている。

チケットもトラム・バス共通のIC型で、１回券や回数券でも１時間以内であれば自由に乗換えでき、往復利用さえ可能なしくみとなっている。トラム導入に合わせ、バスのチケットキャンセラー（コラム「トラムの乗り方」参照）も全面的に入れ替えられ、こちらのバスのサービス水準も同時に高められた。チケットの種類もさ

車両天井のデザイン

鉄道駅上の停留所

らに、通勤・通学定期はもちろん、グループ券、週末24時間券、週間・月間・年間券、大家族・高齢者用割引券、遠足用など多彩なものが提供されている。

地表給電方式で中心広場へ上る

ラリアマン広場のひとつ前の停留所でパンタグラフが収納された。ここから旧市街の狭い坂道を、架線からの給電ではなく、APSと呼ばれる地表給電方式を用いて上っていく。景観上の配慮もさることながら、ここ特有の事情も加わった。このような狭い道路では架線柱を設置できなかったからである。またこの区間は車の通行が規制され、人とトラムだけが通れるトランジットモールとなっている。

広場の一角をトラムの線路が横切る。以前、この場所は駐車スペースとして使われクルマが錯綜していた。今は広場の地下が駐車場となり、地上は人とトラムだけ。周囲の建物脇にカフェが並ぶほかは、文字どおりの「広場」だ。目障りな架線も存在しない。こうして、トラム敷設を契機にまちの改造が行われたことも、まちづくりと交通を統合した発想をもとに種々の施策が行われていることの現れである。

新たに架けられた専用橋へと

次の停留所までで架線レス（架線がない）区間は終了。旧市街の道路の2車線分を芝生軌道とし、残り1車線を一方通行とした区間を過ぎると、またもや広場に出る。さらに進むと、メーヌ川をまたぐ橋が架かっている。トラム新設にあたって新たに架けられた、トラム、自転車、歩行者の専用橋である。

アンジェ市と近郊の街とをつなぐトラム―その終点は？

専用橋を渡った後、路線は、アブリーユという近郊の街に向かう。アンジェのト

トラム線路が横切る広場

地表給電方式で坂道を上る

ラムは、中心都市とこの郊外の街を結ぶことが大きな目的であった。途中の区間は造成中のところが多いが、スポーツ施設などの建設が進んでいる。

さて、アブリーユの街に入った。写真はこの街の中心となる停留所。ここもう一つのAPS区間であり、なんとプラットホーム上にカフェのテラス席がある。フランスの小さな街の多くはメイン通りが1本だけ。メイン通りの機能を損なわないように、沿道の店に配慮し、クルマも線路敷を通行可能とすることで、街の中心にトラムを乗り入れさせることができたことになる。

道が狭くても…

アンジェの街はおしなべて道幅が非常に狭く、通常の発想ではトラムを走らせるスペースを確保できない状況であると言える。ところがアンジェでは、公共交通を便利にするためにはトラムを導入することが必要だとの方針をまず定め、それならと、走行空間を確保するためにさまざまな工夫を行った。

アブリーユの街も、先述のラリアマン広場へ上る街路も単線区間を導入している。さらに川を渡るために既存の橋が使えないとなると専用橋の新設まで行っている。アンジェのとりくみは、道が狭いという理由でトラムを導入しないのは言い訳に過ぎないことを証明したと言えるのではないか。

トラム・自転車・歩行者の専用橋

プラットホーム上のテラス席

トラムを優先した旧市街の道路

美しい都市景観に溶け込むトラム

Strasbourg
ストラスブール

トラムシステムが盛りだくさん

ストラスブールはパリ東駅からTGVで約2時間20分。人口約27万人であり、欧州議会本会議場がある。イル川の中州が中心市街であり、大聖堂やプチ・フランスが世界遺産登録されている。一度路面電車が全廃されており、交通問題が争点となった1989年の選挙で当選したトロットマン市長がトラム整備を含む交通施策パッケージを導入し、1994年のトラム開業を実現させた。低床電車、トランジットモール、パークアンドライド、都市デザインへの配慮などの都市交通システムの要素が盛り込まれており、一度は訪れる価値がある。現在6系統55.5 kmのトラム路線網で1日約30万人の利用者を運ぶほか、1系統の高速バス輸送システム、30の市内バス系統がある。

鉄の男広場へ

ガラスドームの美しいフランス国鉄駅から、まずは鉄の男広場に行こう。駅前から出るトラムに乗れば数分で広場に到着する。切符はさまざまなものが売られているが、日本円換算６００円程度の24時間券が便利だ。券売機で買い、乗車前にチケットキャンセラーという改札機に投入すれば使用開始だ。券面に時刻が印刷され、そこから24時間は乗り放題になる。

鉄の男広場は円形モニュメントで有名な「交通広場」だ。地下駐車場もあり、必要なら自動車アクセスも可能。地上の街路は、自動車乗入れ禁止なので安全に街を闊歩できる。トラムは時速10㎞程度でゆっくり進む。別系統に乗り換えるのならこの広場が便利だ。他都市のトラムもそうだが、信用乗車方式（コラム「トラムの乗り方」参照）なので、最寄りのドアから降りるだけ。

ブログリ広場を経てレピュブリック広場へ

鉄の男広場から東行きのトラムに乗りブログリ広場を経て、橋を渡ったところがレピュブリック広場だ。大きな*ラウンドアバウトがあり、内側は公園である。トラムも公園の外周を回る。接続する一部の道路は歩行者とトラム専用だ。自家用車の進入が禁止されていても、トラムがあるので十分便利だ。

＊ラウンドアバウト　３本以上の道路を円形スペースでつないだ環状交差点

イル川のほとりへ

レピュブリック広場から東へ進むと橋上の電停に達する。橋の川側には色とりどりの花が飾られ、トラムは優雅な都市の景観にすっかり溶け込んでいる。この電停の様子を南側から遠景で見たものが冒頭の大きな写真だ。

自動車の進入が禁止された広場

鉄の男広場

トラムに乗ってオーネン駅へ

次は郊外に行こう。中心街から北に向かう系統で終点のオーネンへ。トラムは道路中央に軌道が敷かれたセンターリザベーション形式の軌道を時速50㎞ほどで走行する。日本の路面電車よりも高速かつ高加減速だ。沿道はマンションが多く、多くの市民がトラムの恩恵を受けられるようにルートが工夫されている。トラムの軌道には花や樹木が植えられて景観にも配慮されている。

終点のオーネンはトラムとバスとの乗換え交通拠点で、24時間券を持っていればトラムやバスに自由に乗換えできるほか、市内に限り鉄道の近郊列車にも乗れる。また、ここに自動車を置いていってトラムに乗り換えるという移動方法ができるパークアンドライド駐車場や自転車駐輪場もある。自動車を駐車場に入れてクルマの市内流入抑制に協力した人には、駐車料金と搭乗者全員の市内までのトラム往復運賃が格安（全部合わせて数百円程度）になる。

この交通拠点施設も建物の形状や駐車場のポールなどデザインへの配慮がなされており、故ザハ・ハディッド氏による設計である。同氏は２０２０年の東京オリンピックにあわせて改築される国立競技場の当初案の設計者である。

再び都心へ

トラムに乗って都心方向に戻る途中、ボルドー広場そばの電停で、たくさんの高校生が乗り込んできた。トラム沿線には学校が多い。一定数の乗客が確保できるのでトラム経営にも貢献している。フランスのトラムでは沿線利用とトラム整備が一体化されていることが多い。

この付近は芝生による緑化軌道なので走行音が静かだ。フランス人は自転車が大好きだが、ストラスブールでも市内主要街路には歩道と同様に自転車道が設置され

花の飾られた橋

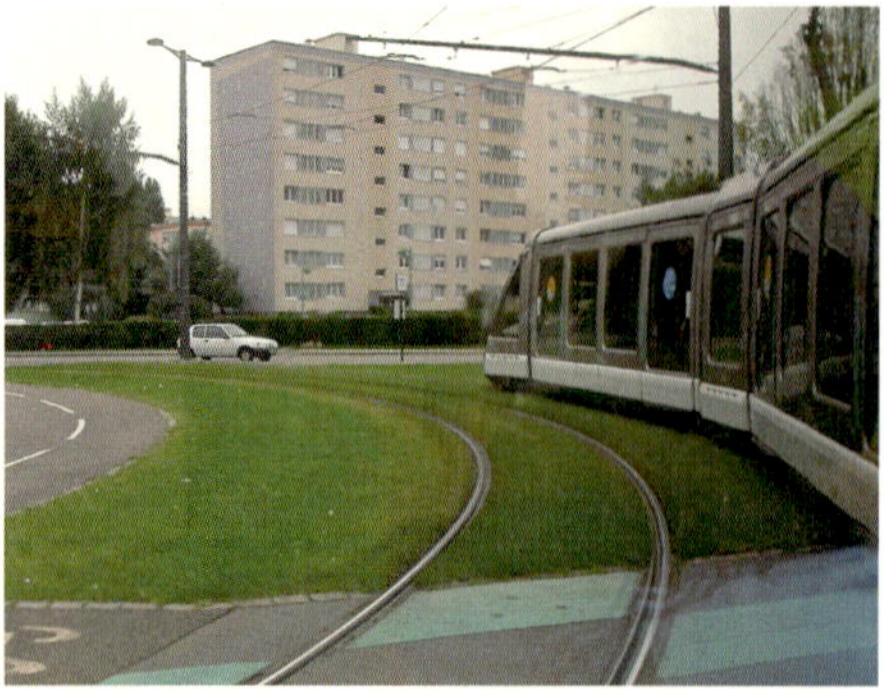

沿道のマンション

ている。自転車はトラムへの持込みができ、公共交通を補完する。

優先信号システム

中心街方向に帰る途中には優先信号システムが設置されており、トラムが停止信号で止まることはほとんどない。運転席のボタンを押せば信号の青い菱形ランプが点滅し、電車の進行に合わせて横一文字表示の「停止」信号が、次々と縦棒表示の「進行」に変わり、併走する自動車よりも早く中心街に着ける。日本の優先信号システムよりもはるかに強力だ。ストラスブールでは都市交通政策にきちんとトラムが位置づけられている。

《参考文献》

１　ストラスブール市行政センターＨＰ、「STRASBOURG'S TRAM AND BUS SYSTEMS」

交通拠点（オーネン）全景

芝生軌道と自転車レーン

電車が接近すると「進行」に変わる優先信号

高速運転できる郊外側の軌道

旧市街地をゆくトラム

Dijon
ディジョン

トラムとバスの連携

ディジョンはフランス屈指の美食の街として知られ、マスタード、エスカルゴなどの本場で、周囲はブルゴーニュワインの生産地である。都市圏人口 25 万人を抱えるディジョンは、ブルゴーニュ地方の首都として古くから栄えた古都で、都心には多くの歴史的建造物が残る。ディジョンには高レベルのバスシステムがあり、大きなバスネットワークを構成しているが、バスによる渋滞が深刻化したため、輸送力の高いトラムの導入に踏み切り、2012 年に開業した。2 系統、18.9 km の営業距離である。

歩いて楽しい都心

ディジョン駅を降り駅前広場に立つと、銀色とチェリーピンク色に塗られた流線型のトラムが停まっているのが見える。これはトラムT1号線の駅で、ディジョン駅前が始発駅になっている。ほんの数十m先でT2号線が合流する。２００ｍはトランジットモールになっている。トランジットモールを抜けると、旧市街の入り口、凱旋門のあるダルシ広場に到着する。トラムは旧市街を避けるように斜め左に曲がり、旧市街の北側を走る。ディジョンの繁華街へは凱旋門から直進方向となるリベルテ通りである。都心の繁華街にトラムを通し、トランジットモールを導入する都市が多いなか、ディジョンはあえて都心を迂回するルートを選択している。

その代わり、旧市街は歩行者専用空間となっている。クルマは町中に入ってこない。歴史的建造物が多く残り、商店やレストランが集まる都心は歩行者がのびのびと歩ける空間になっている。足腰の弱い人のために無料ミニバスが循環する。ディジョンの中心市街地はとにかく歩行者が多い。旧都心の空間は

トランジットモール

駅前広場

都心の歩行者専用空間

ダルシ広場をゆくトラム

歩行者のもの。それがディジョンの魅力であり、都心のにぎわいの原動力だ。

トラムの原点となった基幹バスシステム

ディジョンで忘れてならないのが、フランス随一と称えられる高レベルのバスサービスだ。特に、都心を通る4つの系統は、原則として輸送力の高い連接バスが使われ、日中でも8～10分間隔と高頻度運行となっている。トラム導入に合わせて導入された新車は、快適性とバリアフリーに優れ、トラムと同じ塗装をまとっている。専用レーンこそないが、幹線系統は*BRTといってもよい。

＊BRT　Bus Rapid Transit　バスによる高速大量輸送システムで、フランスでは専用レーンを設けている所が多い

実は、かつてディジョンの都心はバスのトランジットモールであり、6つの基幹系統のバスだけが都心に乗り入れていた。郊外各地から全ての系統が都心に直通すると、乗客数が少ないバスが都心で数珠つなぎになるという非合理的な状況が発生する。そこで、ディジョンでは基幹系統と支線系統に分けて、基幹系統は車長18mの連節バスを高頻度運行して輸送力をアップさせた。ディジョンの基幹バスはまるでトラムのような存在であり、乗客も増えてバス交通の成功例となった。しかし、皮肉にもバスの大成功が問題を引き起こした。バスが増えすぎて都心の道は歩行者が歩きにくいものになったのである。

そこでディジョンはより輸送力の高いトラム導入に踏み切った。基幹バスの二つの系統がトラムに生まれ変わった。トラム開業と同時に都心は歩行者専用空間に変わった。歩行の快適性を増やすことに腐心した結果であった。ディジョンのトラムは、都心は歩行者のもの、という哲学を再発見したと言えるであろう。

ブルゴーニュ大学キャンパス内の停留所

トラムと連節バス

郊外拠点と都心を便利に結ぶトラム

東へ向かうT1号線は、門の形をした再開発ビルの中をトラムがくぐる。やがて南に進路を変え、サッカースタジアムを過ぎると、市民総合病院を通り、ブルゴーニュ大学のキャンパスの中に入る。大学を出ると進路を東に変え、大型ショッピングセンターと団地が見えてきたら終点だ。

T2号線はレピュブリック広場からドラポー大通りをまっすぐ北上する。この大通りを中心に集合住宅やオフィスを集積させている。再開発でできた大型ショッピングモールやコンサートホールを過ぎるとトラムは急坂を上り、丘の上にあるヴァルミー地区へ入っていく。まだまだ再開発の途中だが、メディカル産業団地として開発されており、トラムは開発の目玉だ。

郊外バスネットワークとの連携

ブルゴーニュワインの産地の多くは公共交通でのアクセスが難しい場所にある。だが、コード・ド・ニュイ地区の北端のマルサネ村はグラン＝ディジョン都市圏に含まれ、トラムとバスを乗り継いで行くことができるので、ディジョンから手軽なトリップを楽しめる。トラムとバスは共通運賃なので、一日券でマルサネまで行ける。

幹線のトラムと支線のバスを組み合わせることで、トラムとバスが一体となった高品質のサービスを提供するのがディジョン流だ。バスは郊外住宅を抜け、葡萄畑が見えてマルサネ村の旧市街に入り、終点となる。徒歩圏内に数件のワイナリーがあり、テイスティングも楽しむことができる。

バスとトラムの乗換え停留所

新規開発されたヴァルミー地区を走るトラム

トラムの斬新なデザインが映える夜景

Tours

トゥール

斬新なデザインでトラムが空間の演出を先導

トゥールは、フランス中部のアンドレ＝エ＝ロワール県の県庁所在地であり、人口約14万人、パリからはTGVで約1時間15分の距離にある。古くより商業、政治の中心地として繁栄した町で、一時期はフランスの首都が置かれていた。木組みの家が連なる旧市街地が広がる中心部をはさむようにロワール川、シェール川が流れ、ロワール古城巡りの拠点としてこの地方の交通の要となっている。トラムは2013年に開業し、1系統14.8 kmの営業距離を有している。

フランス国鉄もトラム新設を歓迎

重厚な大理石造りのトゥール駅に降り立つと、「SNCF LOVE TRAM」（フランス国鉄はトラムを愛しています）のメッセージが、構内床に貼られたシール、外壁の垂れ幕など至るところに…。2013年の開業当初には街全体で祝賀ムードが演出されていた。街の中心部では、駅の100mほど西側を南北に延びる幹線道路を通る路線は、フランス国鉄の駅に立ち寄るように「コの字型」のルートとなっているので、駅舎横のトゥール駅停留所からすぐ乗ることができる。

斬新なデザインのトラム

白黒の縦ストライプのポールが印象的な停留所に、トラムが滑り込んできた。鏡面磨きのシルバーをベースにした車両には、停留所と同様、縦ストライプがドアの位置を表すように一定間隔で入っている。実は停留所の床にも先ほどのポールの縦ストライプとつながるようにラインが入っていて、トラムが停車するとすべてのストライプがぴったりつながる。車両正面の「顔」はさらに印象的だ。前照灯・後尾灯は、両脇に縦に光のラインとなるデザインとなっており、夜になると一層目立ち、動く夜景を演出している。

車両内装は、モノトーンの外観とは対照的に鮮やかな色味がアシンメトリーに使われている。天井と片側の壁面の白、床面のグレイに対して、もう一方の壁面には赤が使われ、通常のシンメトリーな配色とは大きく異なっている。握り棒はグレイか黄緑であるが、ドア近くに配置されているフリースタンドの黄緑の握り棒の中心には、地元のクラフトマンたちによってデザイン／制作された一つずつ異なる小さな金属のオブジェ「蕾」が組み込まれ、トラム内のアートとして乗客の目を楽しませている[1]。

トラム側面と停留所のストライプ

フランス国鉄駅舎横を走るトラム

都心はトランジットモールに

トラムに乗って北へ向かうと、ナショナル大通りに出て一つ目のジーン・ジョル停留所が、街の中心広場の最寄り停留所だ。線路を道路の中心側に敷設した中寄せ方式で軌道が敷かれ、幹線バスもその上を走る。こうしてトラムとバスの軌道敷の共用が行われていることから、停留所でも同じプラットホームを使って乗換え利便性を高めているが、ユーティリティユニットは、トラムが赤、バスが青に色分けされ、乗降位置がわかりやすくなっている。

広場から北の大通りは、高さのそろったアイボリー系の歴史的建造物に挟まれた平均幅員25ｍのトランジットモールとなっている。モール界隈にはベンチや植栽、オープンカフェなどが配置されている。ここを中心に、先ほどのトゥール駅停留所からロワール川に架かるウィルソン橋を越えたところまでは、地表給電方式（APS方式）が採用され、架線に邪魔されないスカイラインをつくりだしている。

「蕾」のオブジェ

車両内装

架線レスのトランジットモール

トラムとバスの乗換え停留所

トラム導入を契機とした街のデザイン

トランジットモールの北端に架かるウィルソン橋は写真撮影スポットだ。トラム導入は都市全体にかかわるプロジェクトであった。ロワール川に架かるメインの橋であったウィルソン橋は、車は南行きの一車線のみとし、トラム軌道と広い歩行者空間、サイクリングロードを設け、人が楽しく歩いて渡れるようにした。隣接するナポレオン橋は北行き2車線、南行き1車線としており、2つの橋を合わせた形で、両方向の交通容量を等しくしようとしているのであろう。停留所に隣接して、5か所にパークアンドライドが設けられ、車からトラムへの乗換えを促している。これらの駐車場やトラム軌道が中央を横切るラウンドアバウトには目立つ柱のオブジェがシンボルのように建てられ、遠くからもその位置がよくわかる。

沿線の公共空間には、色ガラスをリズミカルに並べたパターンがデザインされている。フランス国鉄の駅舎壁面も、ウィルソン橋の北端のオブジェも、そして市役所前のバーゴラも共通に、空間に立体感を演出する仕掛けがなされている。

《参考文献》
1 トゥール・メトロポールへのヒアリング

ラウンドアバウト周辺のオブジェ

色ガラスのバーゴラ

ウィルソン橋

ヴィクトワール広場凱旋門をゆくトラム

Bordeaux
ボルドー

トラムがつくる月の港の景観

ボルドーは、ワインの産地として古くから栄え、月の港の異名を持つ河岸や旧都心は世界遺産に指定されている。都市圏人口約 80 万人を抱え、近年はボルドー大学を核としたハイテク産業が栄えている。トラムはボルドーの基幹交通であり、年間約 7、500 万人の利用客数とフランスの地方都市で第 1 位をほこる。2003 年に開通し、現在は 3 系統、59 km の延長があり、市内の主要エリアをカバーしている。写真のヴィクトワール広場凱旋門のように、架線のないトラムによって新しい景観がつくられている。

サンジャン駅前からガロンヌ川岸へ

ボルドーの玄関口・サンジャン駅はパリからのTGVや、空港からのリムジンバスが発着し、多くの乗客が行き来する。駅舎の真ん前にあるトラムの停留所には、日中でも5分ごととひっきりなしにトラムがやってくる。重厚な石造りの駅舎の前にやってくる流線型のデザインの電車は、窓が大きく開放的だ。トラムは長さ33mの5連接車と長さ43mの7連接車の二種類があり、乗客が多いボルドーでは長い43m車のほうが主力だ。

サンジャン駅を出たC線は二駅ほど街中を走ると、ガロンヌ川の河辺に出て、サンミッシェルの停留所に着く。ここで、電車はパンタグラフを下ろす。世界遺産に指定されている都心の景観を守るため、架線を張らず、APS（地表給電方式）と呼ばれる特殊な第三軌条集電方式を採用している。ガロンヌ川左岸を一駅走ると、ガロンヌ川に架かる重厚な石造りのアーチ橋のピエール橋が見えてくる。この橋には東西方向の路線・トラムA線が走っている。

重厚な商工会議所前のブルス停留所に到着すると、停留所の右手に平らで大きな噴水が見える。しばらく水を吹き出し、水が溜まったと思うと水が止まり、静かに水面が広がる。すると、噴水は大きな水鏡に変身する。商工会議所とトラムを映るこの水鏡、ライトアップされる夜は特に美しい（3-2(2)参照）。

木漏れ日の広場

トラムはカンコンス広場に到着する。たくさんの木が植えられてさながら森のようになっている。森の中に線路が敷かれ、トラムは木々のトンネルの中を木漏れ日を浴びながら走って行く。カンコンス広場でトラムC線とB線が接続しており、乗換え客でにぎわっている。

木漏れ日のカンコンス広場を走るトラム

昼間のブルス停留所の光景

トランジットモールを抜け世界遺産の大聖堂へ

カンコンス広場を出て南に向かうB線の電車は、都心に入り、オペラ座の前で西へ直角に曲がる。トラムが走るアンタンダンス通りは、高級ブティックが並ぶトランジットモールとなっている。トラムは街行く人と同じ目線でゆっくりと走るので、まるでウインドウショッピングだ。トラムは突如左折し、道幅10mにも満たない狭い道に入っていき、まもなくガンベッタ停留所に止まる。正面には、サンタンドレ大聖堂の2本の尖塔が見えている。架線のない電車が大聖堂の尖塔をバックに狭い道を走るヴィタル・カルル通りはまさにボルドーのトラムの名物だ。

B線の電車はサンタンドレ大聖堂を囲むように走り、市役所前に到着。ここで、A線と十字にクロスする。大聖堂の周りは乗換え客や買い物客でいつもにぎわっている。二駅南下して凱旋門のあるヴィクトワール広場に到着。凱旋門と架線レスト

サンタンドレ大聖堂付近の狭い道を走るトラム

高級ブティックがならぶトランジットモール

サンタンドレ大聖堂の尖塔横の十字クロスを通過

ラムの組み合わせは、絶好のフォトスポットだ。

キャンパスの中をトラムが走る

ヴィクトワールからトラムB線で南に下ること15分、なんとトラムはボルドー大学のキャンパスの中に入っていく。学生数6万人を超えるボルドー大学のキャンパスは広大で、学内移動もたいへんだ。ボルドーはそんな広いキャンパスの中にトラムの線路を通し、7つも停留所をつくってしまった。トラムは、通学だけではなく学内移動にも便利な存在だ。

ストラスブールのトラムの成功を受け、ボルドーは地下鉄導入計画に替わってトラムの広大な路線網を建設する方針に切り替えた。トラムとバスは共通運賃を採用しており、特に一日券や定期券は格安となっている。トラムとバスで一つのネットワークを形成し、利用者にとってシームレスな公共交通を目指している。

現代建築とトラムのマッチング

ボルドーのトラムがつくる景観は伝統的な建物との調和だけではなく、現代建築とのマッチングも見所だ。経済成長著しいボルドーでは新しい建物の建築ラッシュで、郊外部の再開発地区では個性的な現代建築がたくさんある。裁判所やワイン博物館とトラムの調和はボルドーの新しい景観だ。

人々で賑わう市役所前停留所

ワイン博物館とトラム

キャンパス内を走るトラム

広場を突っ切るツバメ柄

Montpellier
モンペリエ

ファッションをまとうトラム

フランス南部に位置するラングドッグ・ルシヨン地域圏の首府であり、パリからは飛行機で約 1 時間、人口約 26 万人、都市圏人口は約 45 万人のフランス 8 番目の都市である。ローマ時代からの歴史を有するモンペリエには 13 世紀創立のモンペリエ大学があり、特に医学部はヨーロッパ最古の歴史を誇っている。中世からの大学都市として有名であり、また、地中海気候に恵まれたバカンスの町としても多くの観光客が訪れている。これら多くの人々の足として市中心部と周囲の各エリアをつなぎ、まちの一体化を図るために 4 系統、63 km のトラムが導入されている（2000 年に開業）。そしてモンペリエのトラムは、その斬新なデザインをもって交通手段をファッショナブルなものへと変換し、トラムの走行自体が新しい都市風景を創り出している。

あっと驚くファッショントラム

モンペリエに鉄道で着くと、駅前広場を数多くの、それも単にトラムというよりはファッションをまとったようなトラムが行き来していることに目を見張る。2000年開通時のライン1を走る車両は青地に白のツバメパターン、6年後に開通のライン2はオレンジや黄色のフラワーパターン、2012年開通のライン3はボタンやレースワークまであるカラフルで楽しい海洋生物パターン、同じく2012年開通のライン4ではゴールドカラーの静かなパターンと、ほかの町とは全く異なる様相を見せている。駅2階からのトラムの眺めは圧巻である。海洋生物パターンはファッションデザイナーのクリスチャン・ラクロアによるデザインであるであるが、何種類の海洋生物を探すことができるだろうか？[1]　ユニークなのは外装だけではなく、内装も外観と合わせたデザインとなっており、これら独特のデザインの採用はモンペリエ市長の強い権限によるものでもある。

連続するデザイン

モンペリエでは、独特なのは車体デザインだけではなく、停留所もそれに対応するようにデザインされている。路線によって変わる車体デザインのかたちや色彩が沿線停留所のデザインにも反映されているのである。デザインの細部に注目してみると、いろいろと新しい発見が見えてくる。

トラムでまち歩き

都心部のコメディ広場やシャン・ド・マルス庭園、旧市街エリアには、歩いてもいけるが、フランス国鉄駅前からトラムで一駅乗ると便利だ。このコメディ広場は、パリのオペラ座パレ・ガルニエを模した劇場や三美神の彫像が立つ噴水な

海洋生物パターン（駅周辺にて）

国鉄駅を出るとすぐトラム

どがあるモンペリエの中心であり、ここを起点に、北に広がる広大なシャン・ド・マルス庭園、その中程にあるファーブル美術館、コメディ広場から西側に広がる旧市街地の散策を楽しみ、途中からまたトラムに乗ることができる。新市街アンティゴンへはライン1ですぐであり、そのまま終点まで行くとアクアリアムやスケート場、プラネタリウムまである郊外の複合娯楽施設、オッディセウムに着く。一日券を買っておくと乗り降りも楽で、トラム沿線の名所に寄りつつ、町のさまざまな風景を楽しむことができる。

ライン3では市中心部を抜けると海沿いを走り、街中とは異なる風景に出会える。その途中には日本では目にすることのないような芝生の軌道沿いの遊歩道空間もあり、街中の歩行者専用／優先空間と合わせて、歩行者空間について考えさせられることも多い。

ゴールドカラーの静かなパターン

フラワーパターンの外装と内装

コメディ広場（左奥にトラム停留所）

フラワーパターン路線の停留所（内装と共通の曲線）

都市・風景の変容

トラム導入は都市計画の問題解決のためであり、都市そのものを造りかえ、モンペリエを開発するための道として行われている。交通面からは、混雑解消と人口増加への対策としてバスよりも高い輸送能力が必要だったこと、フランス国鉄（SNCF）によって分断されていた町を一つにすること、大学都市として学生への交通手段提供の必要性、郊外団地と大学、病院等公共施設をつなぐ必要性、そして、社会的に孤立しているエリアを都心とつなぎ社会に開く必要性などがトラム導入へと進められた背景である[1]。

実際にトラムが導入されると、車で埋め尽くされていた道から、歩行者空間が拡大／整備され、楽しく歩いている人々が中心の道の風景に変わってきている。歩行者空間には、ストリートファニチュア、オープンカフェも設置され、芝生が敷かれた軌道は都市内にグリーンベルトをつくりだす。また、トラムが走ることによって、新しい都市の夜景も演出されている。

２０００年の開通以降、延長を繰り返し、現在では４系統のすべての路線が都心部を通っている。路線延長は約54㎞、トラムは「美しい、速い、頻繁にある」と評価され、利用者は約29万人／日に上る[2]。

《参考文献》
1 モンペリエ・メトロポールＨＰ、「Tramway」
2 モンペリエ・メトロポールへのヒアリング

グリーンベルトと軌道間の遊歩道

オディッセウムの停留所

トラム軌道に挟まれた街路中央の遊歩道

Zaragoza
サラゴサ

トラムと並ぶ遊歩道

サラゴサは、マドリッドとバルセロナの中間に位置する人口 70 万人の古都。どちらからも 1 時間半で訪れることができる。

トラムは 2011 年に開業し、現在は 1 系統、12.8 km であるが、今後 2 系統追加する計画になっている。スペイン国鉄が運行する高速列車 AVE が到着するサラゴサ・デリシアス駅は、街の中心から数 km 離れており、さらに東に二駅目のセルカニアス・ゴヤ駅がトラムの走るインデペンデンシア通りとの乗換え場所だ。街の中心部は近代性と憩いを、エブロ川をのぞむ旧市街は古都の落ち着きと人の賑わいを、郊外部は開放感と新しさを、それぞれうまく両立させるべく、トラム路線の道路構成や、芝生軌道の有無、それに停留所・街路灯などのデザインが吟味されていることに気づく。

道路中央の遊歩道とその両側を走るトラム

インデペンデンシア通りは街の中心を南西から北東に貫き、4停留所をつなぐ約1.5㎞の区間は、道路の外側から中央へ、歩道－片側方向の車道（1車線）－片側方向のトラム軌道－遊歩道の順に並ぶ左右対称の配置である。道路中央の遊歩道にはベンチや遊具が置かれ、ところどころカフェもあって、市民の憩いの場所としてにぎわっている。

遊歩道の両側を、シルバーを基調に黒と赤のアクセントカラーの入ったトラムが行き交う。スペインの車両メーカーＣＡＦ社製１００％低床車両の典型的なシルエットだ。停留所近くのインフォメーションでは路線図が入手できる。サラゴサのトラムは現在、ライン1の1路線のみ。２０１1年に第1期、２０１３年に第2期が完成したスペインで最も新しいもので、１２・８㎞の区間に25の停留所が配され、基幹路線として都心と南部および北部の郊外地域を結ぶ。

停留所のデザインに秘められた機能

停留所は、すべて５００ｍ以内の間隔になっていて、遊歩道のある区間では、スペースを共用している。シルバーを基調に、黒色の屋根にガラス張りの仕切りを配置し、モダンで明るいデザインに仕上がっている。大きな屋根と太い柱は、この地の寒暖差が激しい気候を考慮して風防の役割を果たしているという。そして夜になると、この柱全体が明るく光る。安全上、治安上の効果も抜群だ。

スペインで最も安い運賃

サラゴサのトラム運賃は1回券が１・３５ユーロと、スペインで最も安い。カード利用の場合はさらに安く、１回あたり０・７４ユーロ相当となる。最頻時には

夜間も安全な停留所

風防の役目を果たす停留所

5分間隔で運行しているので、遊歩道を歩いていて、トラムが来たらひょいと乗る感じ。まさに街歩きを楽しむ際の水平エレベータのイメージだ。

車内は、壁面がアイボリー、椅子が木目のシンプルな内装に、手すりなどには赤のアクセントカラーが使われている。折り畳み式の椅子がある中間車両は4台分の車椅子スペースになる。

停留所でバッテリーを充電

メインストリートであるこの通りには、1km の間に13の信号が設置されている区間もあるが、優先信号システムによりスムーズな走行だ。ブレーキ回数が少なくなるため、これだけでも8%のエネルギー削減効果があるという。

また、この区間はバッテリー駆動を行っており、架線レスとなっている。停留所に停車中の20秒間程度で次の停留所までの電力充電が可能なシステムをスペインでは最大の距離において採用、アルミ製の軽量車両や、効率の高い回生ブレーキシステムも合わせ、使用エネルギーを35%削減できているようだ。

マーケットのそばを、教会の横を通って、そして橋を渡る

街の中心広場であるスペイン広場の停留所を通り、次のシーザー・アウグスト停留所まではトランジットモールになっている。そして、マーケット横の狭い道を通って、ピラール城壁広場と名づけられた停留所に着く。停留所近くにマーケットの入口があり、食材を買ったり、近くのバーでタパスの昼食をとる市民の姿が見える。

スペイン広場停留所のすぐ北には、エブロ川が東西に流れている。トラムはこの川に架かるサンリアゴ橋を渡って、北部の郊外に向かう。この橋からは、ピラール聖母教会が川岸にそびえる風景を楽しむことができる。この教会は世界で初めて聖

バッテリーの充電装置

車両内装

母マリアに捧げられた教会だと言われている。

沿線デザイン―街路灯

サラゴサの路線形態の特徴として、川を渡って北側の多くと南端部分は、方向別に分離されている。北側部分は広幅員の道路を贅沢に使い、路線に挟まれた部分にオフィスビルや大規模スーパーを配置している。

このとき、気づくのは街路灯のデザインの多様さだ。都心部と郊外部の写真を並べると、その違いがよくわかる。

《参考文献》
1 サラゴサ市へのヒアリング

教会を背に橋を渡る

都心部の街路灯デザイン

郊外部の街路灯デザイン

トランジットモールを走る

スビスリ橋を背景に再開発されたネルビオン川沿いを走るトラム

Bilbao
ビルバオ

重工業都市から芸術都市へと再生

スペイン北部、バスク州ビスカヤ県の県都であるビルバオは、ビスケー湾(大西洋)に面し、人口約35万人のスペイン第10位の都市である。スペイン屈指の港湾都市であり、鉱業、製鉄、造船業を中心として発展してきたが、近年では、従来の工業から観光とサービス業へと産業の移行を図るために再開発を続けており、1995年に地下鉄が開通し、さらに2年後の1997年にはグッゲンハイム美術館が開館している。ネルビオン川沿いの美術館や博物館を中心とする新エリアと、川を挟んで反対側の旧市街地とは2002年に新設されたトラムによって結ばれ、新旧両地区の発展に寄与している。路線は1系統5.5 kmである。市内には、トラム、地下鉄のネットワークがあるほか、スペイン国鉄のビルバオ駅、ビルバオの西側に位置するサンセバスティアンまで行くバスク鉄道も走っている。

かつてのビルバオの栄光の名残　ビスカヤ橋

ビルバオは、かつては重工業中心の都市であった。ビルバオ中心市街地から地下鉄で20分ほどの地区にビスカヤ橋がある。ビスカヤ橋は世界遺産に登録されており、高さ50ｍ、長さ１６４ｍの１８９３年に建設された世界最古の運搬橋である。鉄鋼業を中心として栄えたビルバオまで、ビスケー湾からネルビオン川を往来する多数の船舶の妨げとならないよう高い橋脚の橋が造られ、吊り下げられたゴンドラで人や車を運ぶ仕組みになっている。現在では、橋の上部に観光用の歩道が造られ、50ｍの高さから港、大西洋、街並みを望むことができる。港湾を中心に重工業で栄えた町であったことがうかがえる。

しかし、ビルバオは重工業の衰退とともに、１９８０年の43万人をピークに近年の35万人まで約20％の人口が減少し、地域の再生が課題となっている。

モダンな建築物のある都市としての再生を支えるトラム

重工業等の産業空洞化により人口が40万人をきった１９９０年頃から、衰退したビルバオ市を再生するためのプロジェクトが立ち上がる。中心市街地に近いネルビオン川に沿って遊休化した工業地区を再開発し、そこに世界的に著名な数々の建築家によるモダンなビルや橋が建設されることになる。もっとも有名なものは、１９９７年に建設されたグッゲンハイム美術館であろう。他にも日本の建築家磯崎新による磯崎ゲート、かつての造船所跡地に建てられたエウスカルドゥナ国際会議場などがある。ネルビオン川には多くの橋が架けられ、なかでも歩行者専用のスビスリ橋や吊り橋のサルベ橋は美しい。

新しい建築物は、ネルビオン川に沿って数㎞にわたって建てられているが、これら再開発地区の交通の骨格となっているのが、新設されたトラムである。トラムの

グッゲンハイム美術館の下を通るトラム

かつての重工業都市の象徴のビスカヤ橋

総延長は2018年現在で5.5kmである。車両は、ライトグレイの車体にウィンドウフレーム等に黄緑のラインが施されて美しい。現在、部分低床車両であるが、車両更新に合わせて完全低床式のものになる予定である。

停留所のシェルターはシルバーのメタルフレームに透明なバックパネル、サイドパネルが付き、半透明のルーフが架かっている。券売機、マップなどは一つのユニットボックスにまとめられている。芝生が敷き詰められた軌道、モダンな車両、機能的にまとまったデザイン豊かな停留所があいまって美しい都市景観を構成する重要な要素となっている

街歩きはトラムで

トラムの延長は長くはないが、途中地下鉄、スペイン国鉄駅、バスターミナル、バスク鉄道駅などほかの公共交通機関と接続しており、これらの都市間交通手段でビルバオに着いた後、市内街歩きになくてはならない乗り物となっている。1.5ユーロで乗車券を買うと、2時間乗り降り自由なのも旅行者には使いやすい交通機関である。新市街地にある新しい建築物を見た後、トラムに乗ってネルビオン川を渡るとそこは旧市街地。旧市街地は道が狭く、自動車も走行するので単線運転となっている。停留所を造る余地もないが、建物の軒下の通行路を停留所として利用するなど、狭い中でもトラムを通す工夫がなされている。

トラムが走っている道から横丁を入ると道はさらに狭い。日中は、すべての自動車の走行が禁止されており、昔からの街並みを見ることができる。横丁にはさまざまな店や民家が立ち並んでいる。

ビルバオではお祭りやコンサート、花火大会、ボートレースなどが随時開催されていて、旅行者を楽しませてくれる。また、スペインバスクの中心都市であるビル

建物の軒下が停留所

モダンな車両、芝生軌道、デザイン豊かな停留所

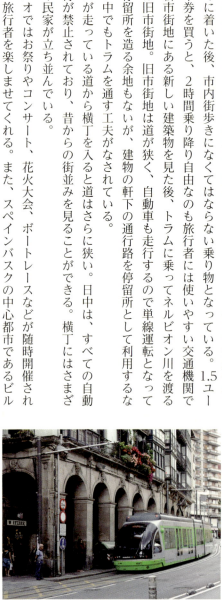

バオは美食の町としても有名であり、食べ歩きするのもいい。当然のことながら、昼に美しい街は夜の景観もきれいである。

自動車に頼らなくても移動しやすいまちづくり

個人で海外旅行するとき、レンタカーやバスなどの自動車しか移動手段がない都市は街歩きのハードルが高い。その点、トラムは目の前のレールが走行ルートを教えてくれる。観光インフォメーションやホテルでもらえるマップを片手に、各停留所に表示された路線図を見ると、街歩き計画も立てやすい。このように、トラムのある都市は旅行者にとってやさしい町であるが、住んでいる人たちにとっても公共交通が発達している町は安全で便利で人と環境にやさしいといえる。ビルバオは、１９９０年代自動車の利用率が70％であった。交通渋滞緩和、都市の再生、環境保全、交通安全などを目的として、脱自動車と歩行者ゾーンの拡大を目指してトラムは整備された。その結果、現在では55％の人がＬＲＴや地下鉄などの公共交通機関を利用するまでになっている[1]。長大重厚産業の地盤沈下に伴ってさびれそうになっていたビルバオは、トラムを移動の中心に据えた街づくりによって、見事復活したと言えよう。なお、トラム整備は、すべてバスク州政府からの出資で行われており、その運営は私鉄であるバスク鉄道が委託されて行っている。

《参考文献》

１　ＥＴＳ（バスク州線路網公社）へのヒアリング

夜景も美しいまちで食事を楽しむ

こんな狭い道でも通るトラム

カールスルーエ都心のカイザー通り

Karlsruhe
カールスルーエ

トラム・トレインで鉄軌道ネットワークを拡大

カールスルーエはフランクフルトから鉄道で約 1 時間、ドイツ南西部に位置する人口約 30 万人の都市である。カールスルーエ市内の路面電車網の延長は 76 km であるが、1992 年に一部の路線で開始された路面電車と鉄道郊外線の直通運転（トラム・トレイン）は徐々に拡大し、現在では直通運転を行っている郊外鉄道線の延長は 507 km と広大なネットワーク規模となっている。郊外との直通運転を行っている系統は S バーンと呼ばれ、S の付く系統番号がその路線となっている。例えば、S4 系統に乗れば温泉保養地で有名なバーデン・バーデンへ、反対方向の S4 系統に乗れば古城街道沿いの町ハイルブロンへと、カールスルーエの都心から乗換えなしの直通で向かうことができる。

カールスルーエ方式とも呼ばれる「トラム・トレイン」

カールスルーエは1992年に路面電車と鉄道郊外線の直通運転を行う「トラム・トレイン」を世界で初めて実現した都市である。これによりカールスルーエ都心と郊外が直接結ばれることとなり、その利便性の高さから路線網が大きく拡大した。

「トラム・トレイン」乗車体験その1：温泉保養地バーデン・バーデンへ

それでは、郊外への直通トラムS4系統に乗ってバーデン・バーデンを目指してみよう。カールスルーエ中央駅前広場の電停から乗り、途中のアルプタール鉄道駅から鉄道線に乗り入れる。鉄道線ではドイツ鉄道の新幹線ICEと並走する場面もある。約35分でバーデン・バーデン駅に到着し、駅から201系統のバスに乗り換えて15分ほどで町の中心レオポルト広場に到着する。カールスルーエ都心から1時間ほどでバーデン・バーデンの街へ足を延ばすことができる。「トラム・トレイン」が運行されている地域は、カールスルーエ交通運輸連合と呼ばれる組織によって共通の乗車券が発売されている。そのためこの共通乗車券を使えば、「トラム・トレイン」にもバスにも乗ること

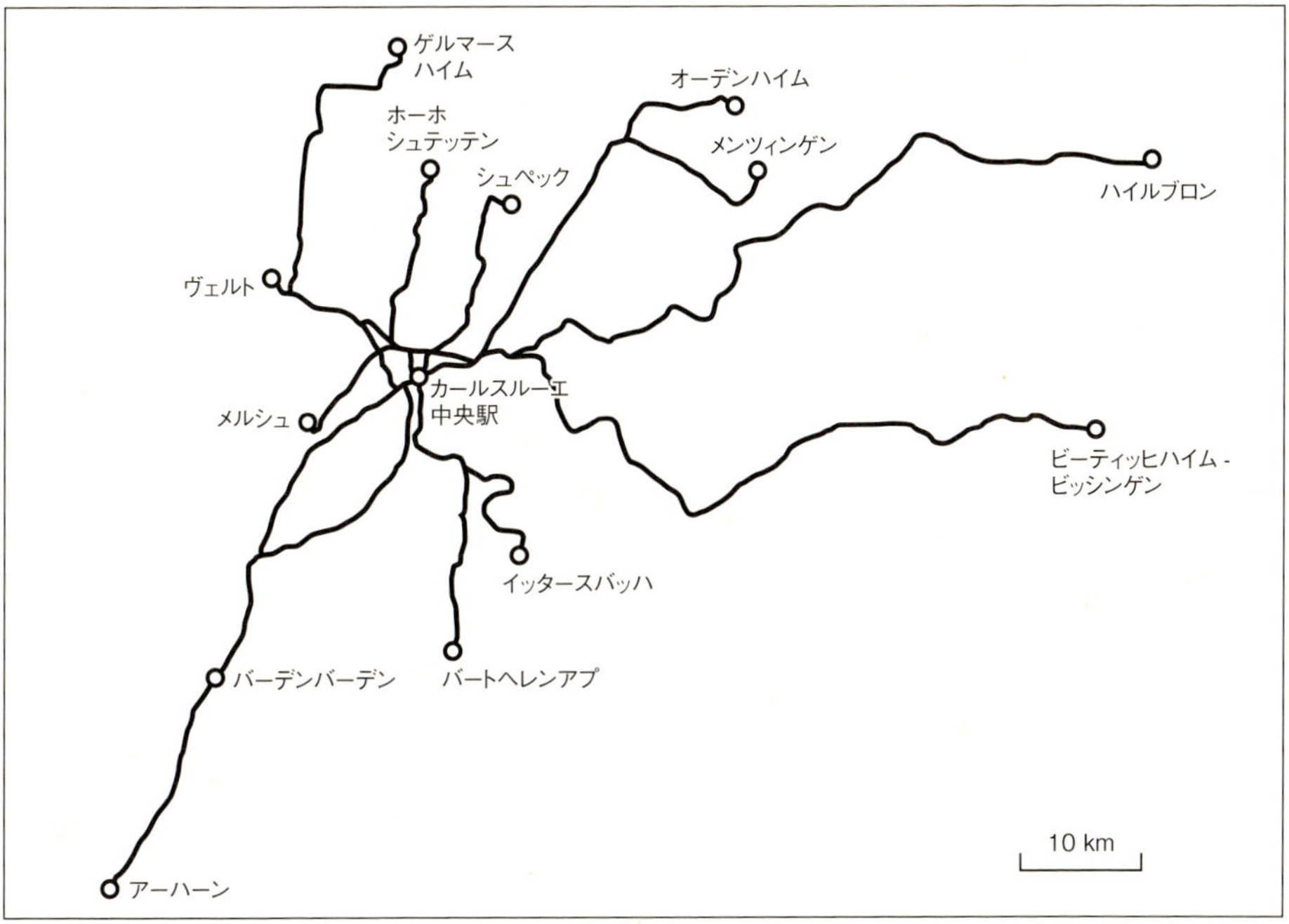

カールスルーエを中心とした「トラム・トレイン」路線網

ができるようになっている。

「トラム・トレイン」乗車体験その２：古城街道の街ハイルブロンへ

続いてはS4系統の反対方向に乗って、古城街道の街ハイルブロンを目指そう。カールスルーエからハイルブロンまでは約70㎞離れており所要時間は約1時間４０分と路面電車で小旅行気分を味わうことができる。路面電車とはいえ長時間の移動になるため、トイレが設置されている車両もある。カールスルーエ・デュルラッハ駅から鉄道線に乗り入れ、ハイルブロンへ。ハイルブロン中央駅からは駅前広場に電車が乗り入れ、そこからは再びハイルブロン市街を路面電車として走る。中央駅から5分ほどでまちの中心市役所前に到着する。

カールスルーエ都心のトランジットモール散歩

再びカールスルーエに戻り、こんどはカールスルーエ都心を散策してみよう。カールスルーエ市街地の中心「マルクト広場」があるカイザー通りは、トランジットモールと言われる自動車の乗り入れを規制し、路面電車と歩行者だけが通行できる通りとなっている。この通りには、デパートなどの商店や数多くの飲食店が立ち並んでおり、ショッピング、食事、まち歩きをゆっくりと楽しめる通りとなっている。また、先述のように、カールスルーエ郊外各地から路面電車がこの通りまで直

様々な行先の電車が集まるカールスルーエ中央駅前電停

ハイルブロン都心の市役所前電停

バーデン・バーデンの街へアクセスするバス

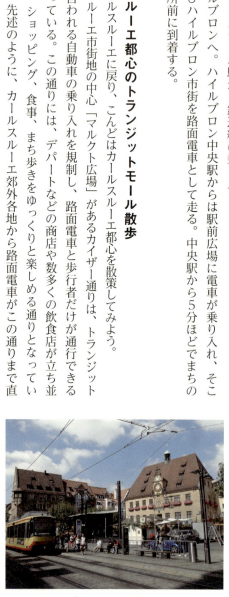

通運転を行っているので、電車を降りればすぐにショッピングを楽しむことができるようになっている。

カールスルーエ都心の路面電車の地下化工事

現在トランジットモールとなっているカイザー通りでは、路面電車の軌道を地下化する工事が行われている。先述のように郊外からの直通運転が増加し（山手線並みの約2分間隔で電車がくる）、これ以上電車の本数が増やせなくなったのが理由の1つである。総工費約840億円を掛け、カイザー通りの2.4kmの区間と南北方向のカール通りの1.0kmを地下化し、2020年に工事が完成すればこれらの通りは、歩行者専用の通りに生まれ変わり電車の通行を気にすることなく歩くことができるようになる。工事が行われると沿道は工事の騒音や砂ぼこりなどで周囲に迷惑を及ぼす状況であるが、その中で住居を吊り上げる「芸術展示」がなされるなど、工事の中にもユーモアを取り入れているのが面白い。

工事中のユーモア芸術展示

路面電車と歩行者だけが通行できるトランジットモール

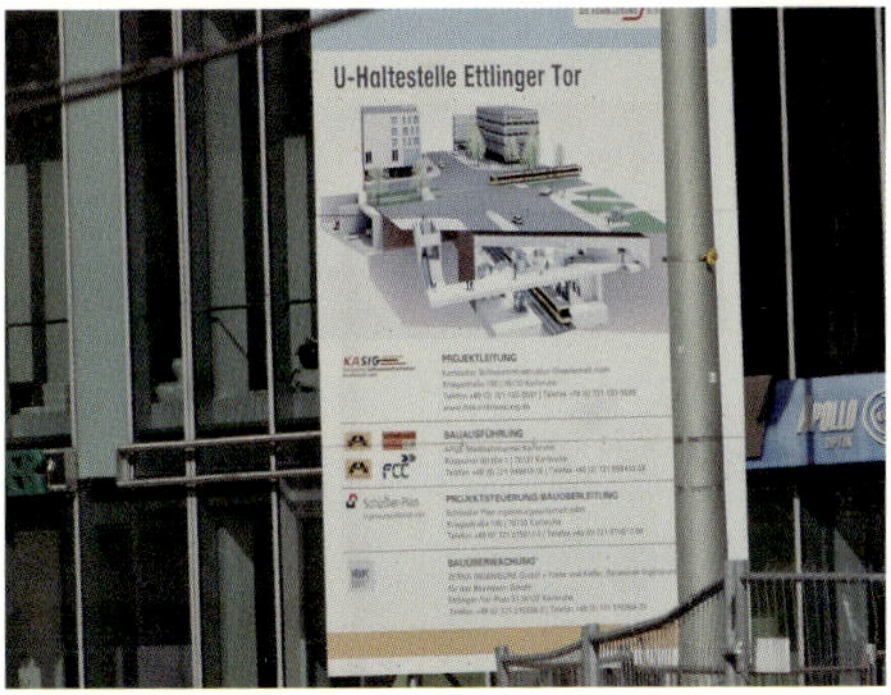

地下化工事の完成予想図の掲示

地下化工事が進められ地上の軌道が撤去される

2017年と2018年のニューフェイス

2017年は2007年の過去最多13都市に次ぐ12都市で開業した開業ラッシュの年であった。中国の都市での開業が5都市で相次いだほか、スペインとトルコも着実に路線を増やしている。

写真は、デンマーク初のトラムとなったオーフスのLetbahnenである。2017年12月21日に最初の区間7kmが開業し、市街地の路線が今後12kmに延長されるほか、既存の鉄道路線と相互直通運転を行い100km以上のネットワークとなる予定である。

2018年は10都市で路線の開業があり、アルジェリア、中国、アメリカでは2017年に続いて開業した都市が増えている。

2017年にデンマーク初のLRTが開業した

2017年のニューフェイス		
1	オーフス	デンマーク
2	ルクセンブルク市	ルクセンブルク
3	グラナダ	スペイン
4	イズミット	トルコ
5	サマルカンド	ウズベキスタン
6	シディ・ベル・アッベス	アルジェリア
7	北京（西郊線）	中国
8	深圳	中国
9	武漢	中国
10	唐山	中国
11	珠海	中国
12	デトロイト	アメリカ

2018年のニューフェイス		
1	ワルグラ	アルジェリア
2	セティフ	アルジェリア
3	成都	中国
4	上海	中国
5	新北	台湾
6	ドーハ	カタール
7	エルパソ	アメリカ
8	オクラホマシティ	アメリカ
9	セントルイス	アメリカ
10	ミルウォーキー	アメリカ

2017年は世界12都市で、
2018年は10都市でLRTが新規開業した

2019年の新設予定路線

2019年は15都市で開業に向けた準備が進められている。国別には、アルジェリア2都市、オーストラリア2都市、カナダ2都市、中国3都市、エクアドル1都市、フランス1都市、オランダ1都市、カタール2都市、スペイン1都市という構成になっており、新興国でもLRTの新設が進められている特徴がみられる。

《参考文献》

1 “New Tramways for 2018”、Tramways and Urban Transit、No.962、pp.49-54、Feb. 2018.
2 “New Tramways for 2019”、Tramways and Urban Transit、No.975、pp.89-94、Mar. 2019.

コラム

各国のトラムの新設動向

世界の動向

世界のトラム（LRT）の新設の動向はどのようになっているだろうか。下図は1978年にカナダのエドモントンでLRTが新設されて以降の世界の新設LRT整備都市数の推移を示したものである。この40年間で182都市に達しており、毎年5都市程度のペースで新設されている。しかしながら、我が国では富山市で2006年に開業した富山ライトレールが新設された唯一のLRTとなっている。2017年は12都市で開業し、2018年も10都市で開業するなど、世界ではLRTの新設ラッシュが続いている[1,2]。

国別に見てみると（下表）、アメリカがトップで28都市となっている。次いで、フランス（25都市）、スペイン（14都市）、中国（14都市）、トルコ（12都市）と続いている。自動車大国といわれるアメリカが新設LRTのトップであるのは特筆すべきことであろう。全体的な傾向としては、本書でも取り上げるフランスとスペインを中心とした西ヨーロッパ諸国で路線数が多くなっている。また、トルコや中国でもLRTの新設が急伸しているのも注目に値する。

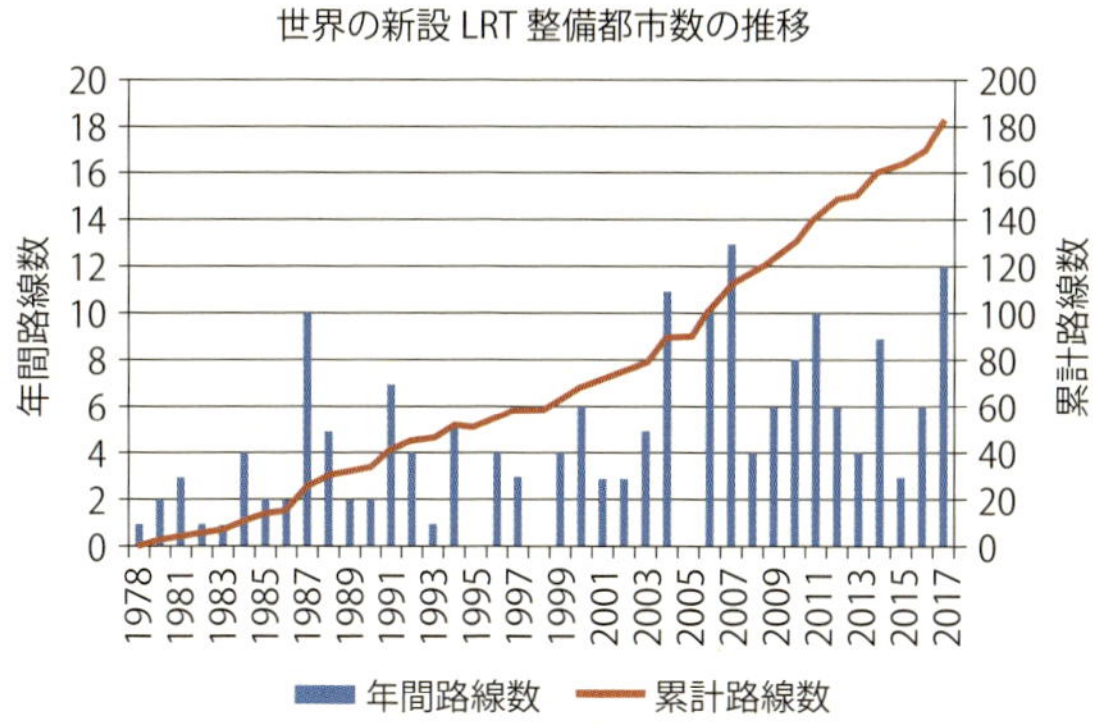

過去30年間に毎年8都市ペースで新設されている

新設LRT整備都市数ランキング（2017年末現在）		
1	アメリカ	28
2	フランス	25
3	スペイン	14
3	中国	14
5	トルコ	12
6	イギリス	9
7	イタリア	8
8	ドイツ	7
8	ルーマニア	7
10	オランダ	4
10	ロシア	4
10	アルジェリア	4
10	カナダ	4

アメリカ合衆国とフランスが
新設国のトップ2

トバーン」とよばれる路面電車の地下化が進展したことが挙げられる。旧西ドイツの100万人未満の中規模クラスの都市において、都心部の地下路線の整備が進められ、ケルン、フランクフルト、エッセンなどの12都市において「シュタットバーン」化が進められた。この路面電車の地下化の流れは現在でも継続しており、本章で紹介したようにカールスルーエでは現在、地下化工事が進行中である。

存続している二つめの要因としては、90年代から普及してきた「低床車両」を各都市とも積極的に導入してきたことが挙げられるだろう。1990年のドイツ統一以降、旧式の車両が多かった旧東独の都市でも専用軌道化や低床車両の導入が国や州自治体の支援の下に進められてきた。

地下路線を走るトラム車両（エッセン）

1999年に広島電鉄に輸入された
ドイツ製低床車両

ザールブリュッケンのトラム・トレイン車両。
奥に見えるのはフランス国鉄の鉄道車両

そして、存続の三つめの要因としては、カールスルーエの項でも取り上げた1992年から始まった「トラム・トレイン方式」の導入が挙げられる。これによって、近郊の路線から都市中心部へ直接アクセスすることが可能となり、地域公共交通の利便性が格段に向上することになった。ドイツではカールスルーエ以降、ザールブリュッケン、カッセルで導入されたほか、ドイツ以外のヨーロッパの都市で採用される例が増えている。

このようにドイツでは既存の路面電車を活用したシステムのアップグレードを推進してきた結果、西ヨーロッパでトラムが存在する都市が最も多い国として走り続けているのである。

コラム

ドイツのトラム

本書ではフランスのトラムを多く紹介しているが、その理由の1つとしては1980年代以降に新設されたトラムが多いことから、新たなトラムを整備するヒントを得ようと試みているためである。一方、ドイツにおいては、モータリゼーションの波を受けてもなお50都市以上でトラムが存続しているという特徴があり、古いながらも改良を続けている事例として我が国でも参考になろう。

路面電車が世界で最初に走りはじめたのは、1881年のドイツ・ベルリンであったが、1890年代以降の路面電車の推移をドイツ、日本、フランスで比較したものが下図である。各国とも1920年代をピークに都市数が急激に増え、1940年代以降急速に減少している様子がわかる。フランスでは70年代には3都市にまで淘汰されたが、80年代から復活が始まり、2007年には日本を追い越して現在に至っている。ドイツでは、90年代に54都市まで減ったが、3都市で復活し現在は57都市を維持している。日本は、ドイツとフランスと同様に1930年代から路面電車の廃止が続き、1980年には22事業者にまで減少していった。その後、北九州、新潟、岐阜などの路線の廃止を経て、2006年の富山ライトレールの開業以降19事業者を維持している状況である。

ドイツでこれだけトラムが存続している要因の一つには、1970年代から「シュタッ

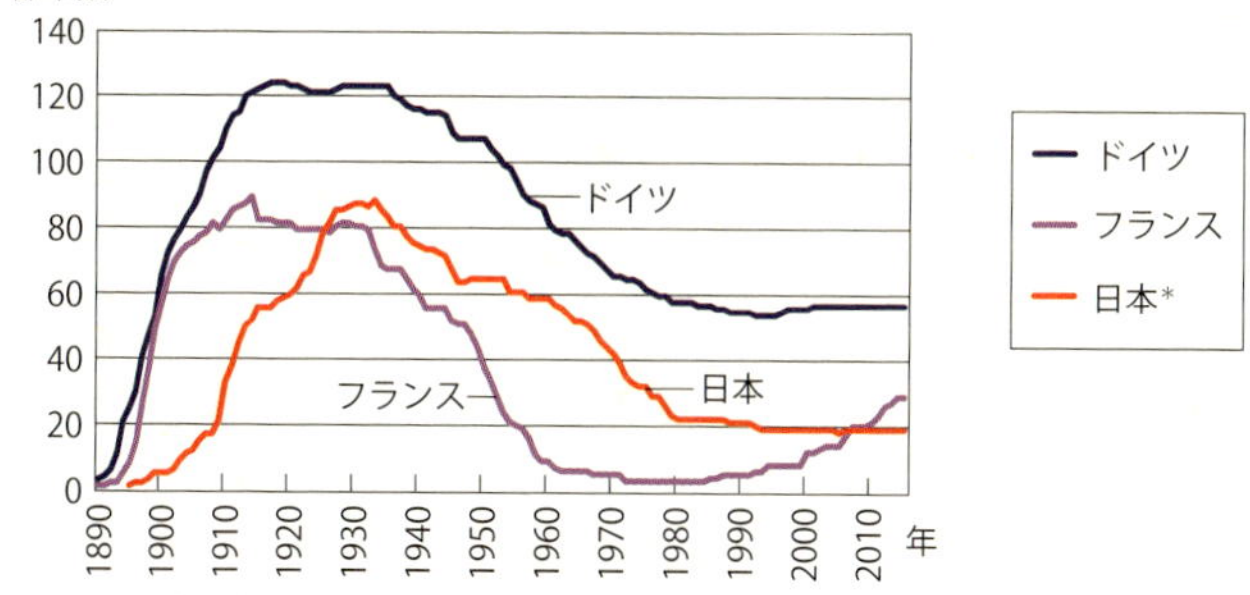

注*）日本の値は運行事業者数（1都市に複数の事業者が存在することもある）

ドイツでは50都市以上でトラムが走っている

長いトラム車両のドアのどこからでもスムーズに乗降できる。この信用乗車方式は、トラムの効率的な運行になくてはならないシステムとなっている。

ただし、不正乗車防止の仕組みはきちんとある。時々数人の検札員が乗り込んできて、切符を持っていないか、持っていても刻印していなければ高い罰金を払うことになる。

切符の種類は、1回きりのもの以外に、ICカードや1日券など一定期間何度も使えるものもある。トラムでまち歩きをする場合はこれが便利である。ただし、1日券であっても、使用開始時刻をチケットキャンセラーで刻印する（validationともいう）ことを忘れないように。鉄道の多くも信用乗車方式であり、乗車前に乗車券や指定券等のvalidationが必要である。検札の際にvalidationされていないと不正使用を疑われる。あわせて記憶しておいて欲しい。トラムに乗るためには、その町へ行くための鉄道にも乗るのだから。

距離が長くなると運賃が一律ではなくゾーン制度になる所もある。その場合は、乗車駅と降車駅で定まるゾーン間運賃を乗車前に購入しなければならない。

トラム、バス、地下鉄、鉄道等交通機関相互利用のスムーズさは運賃だけではない。これらの乗換・乗継も、同じホームを共有する、あるいは隣接するなどして便利なことが多い。自動車からも、パークアンドライド駅で自動車からトラムに乗り換えると運賃が安くなる等の乗換を促進する仕組みが備えられている。

このように、複数の組織を横断して作られている柔軟な運賃や乗換、走行経路のシステムが、利用者の利便性を高めている。日本でも近年ICカードの利用が進み、鉄道、軌道、バスが1枚のカードで乗り降りできるなど利便性は向上してきている。しかし、残念ながら運賃体系は相互乗り入れしている路線間で多少の割引がある程度で、基本的には異なる路線に乗り換えると初乗り運賃が再徴収され、トータルとして高くつくことが多い等、乗換利便性の改善の余地は残されている。

色んなデザインが楽しめる各都市のトラムチケット
右上から時計回りに、ボルドー、ル・アーブル、サラゴサ、ミュールーズ、ナントのチケット。サラゴサはスペイン、それ以外はフランス。サラゴサのものはICカード。何度でもチャージして使える。

コラム

トラムの乗り方

ここでトラムの乗り方についてまとめてみよう。日本との大きな違いは、3点である。まず切符をどこかで買うか、次に共通運賃制度、聞き慣れない言葉であるが信用乗車方式である。

日本の路面電車やバスに乗る時は、たいてい降りる時（場合によって乗る時）に運賃箱に小銭をじゃらじゃらと入れるか、IC カードを使うかである。ヨーロッパのトラムでは、IC カードあるいは一日乗車券のようなものを使わなければ、ほとんどの場合、乗車前に切符を買わなければならない。車内で買ったり、精算したりはまずできないと考えておこう。

切符は停留所ホームあたりに自動販売機があるのでそれで買う。最近はクレジットカードを受け付ける券売機も多い。切符を買って乗車する時に一番大事なことは、チケットキャンセラーで乗車時刻を刻印することである。これを忘れて検札にひっかかると高い罰金を支払わされる。チケットキャンセラーは車内の出入り口あたりに設けてある。ホーム上に設置してあることもある。

いったんチケットキャンセラーを通せば、乗車時に刻印された時刻から一定時間（まちによって異なるが1～2時間位）乗り放題である。多くのまちで、別の路線やバス、場合によっては地下鉄やその他鉄道も含めて、「共通運賃制度」を取っている。ただし、まちによって異なるので、どの範囲で共通運賃制度になっているかは確かめておこう。共通運賃制度下にある別の路線やバス等の他の交通機関に乗りかえても同じ切符が使用できる。定められた時間を越えて新たに電車に乗る場合は、切符を買い直す必要がある。

ヨーロッパのトラムで特徴的なことは、乗降時に改札がまったくないことである。チケットを買うのも、乗車時に刻印するのも、目的地で降車するのも、別の電車に乗り換えるのも、すべて自分の判断である。これを「信用乗車方式」と呼んでいる。日本のように降車時に一人ずつ順番に切符を渡し、それを乗務員が一々チェックしないため、

第2章
暮らしに根付いた日本の地方都市の路面電車

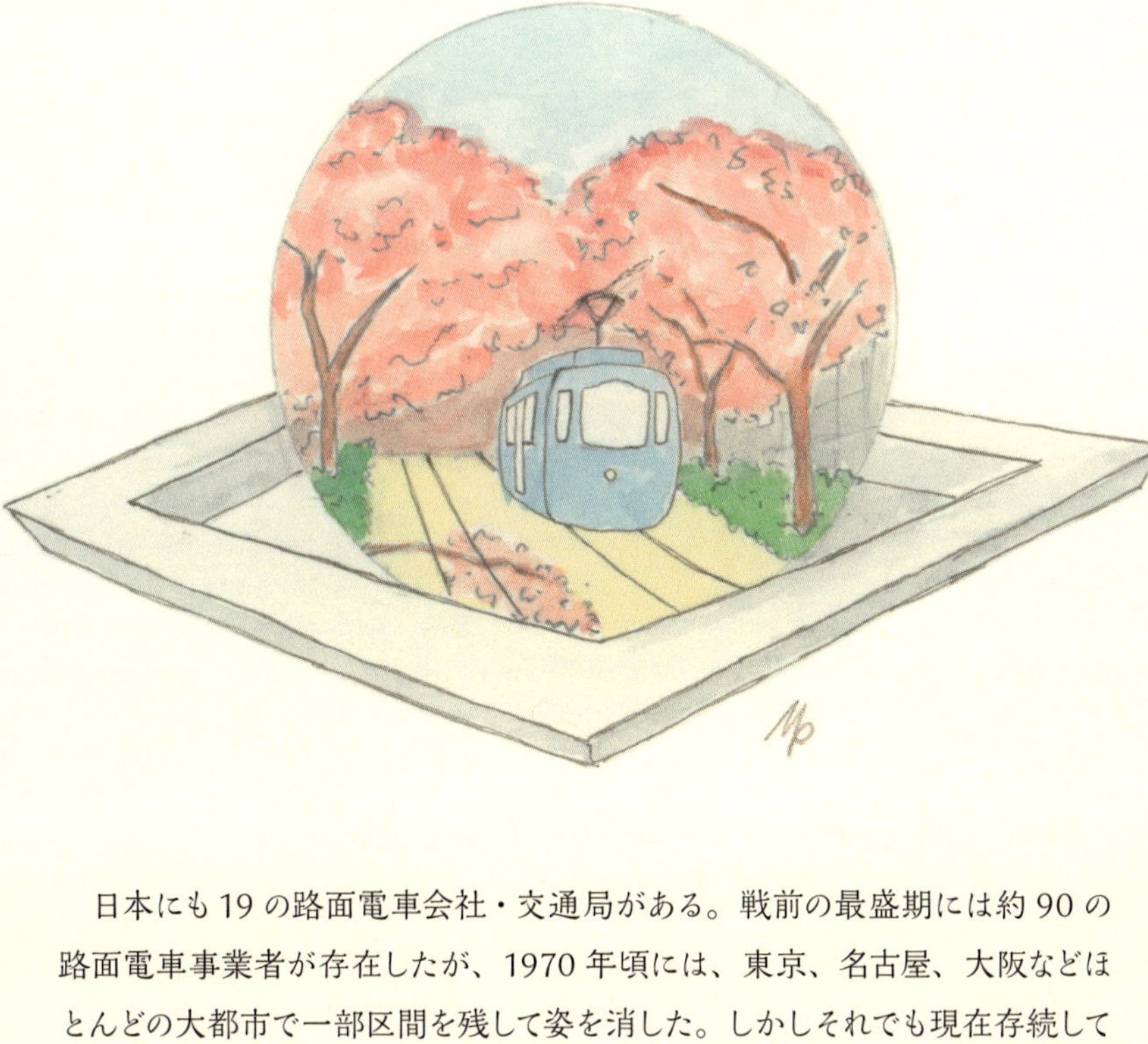

日本にも19の路面電車会社・交通局がある。戦前の最盛期には約90の路面電車事業者が存在したが、1970年頃には、東京、名古屋、大阪などほとんどの大都市で一部区間を残して姿を消した。しかしそれでも現在存続している地方都市の路面電車は、それぞれの都市で市民の足として独自の特色を有している。

ここでは、いくつかの代表的な都市の路面電車を取り上げて、各都市でどんな活躍をしているか、路面電車の経営を地域がどのように支えているのか、今後克服しなければならない課題として何があるのか、等について述べる。

雪の都心を行く新型低床電車ポラリス

札　幌

Sapporo

環状化で活性化を果たす

札幌は北海道の道庁所在地で、人口 195 万人を抱える日本有数の大都市である。道内経済の中心であり、世界から北海道を訪れる観光客にとっての玄関ともなっている。100 年以上の歴史をもつ市電は基幹交通である地下鉄がカバーしないエリアを走る。2015 年末、0.4 km の路線延伸により環状線となった。わずか 0.4 km であるが、環状ルートを形成し、長らく路面電車の延伸がほとんどないわが国としては画期的である。

復活した線路

札幌市電はかつて25㎞の路線網を持ち、年間1億人の利用客を誇る文字どおり札幌市の移動を支える基幹的な交通手段であった。１９７２年のオリンピック開催を機に地下鉄の建設を進めることになり、地下鉄に置き換える形で市電の廃線は進み、西4丁目－すすきの間の1系統８・５㎞のみが存続した。だが、近年市電は急激な乗客減少に見舞われ赤字額が増加し、廃線の検討がなされるに至った。

一方で、ＬＲＴ導入や路面電車の再生への機運も高まりつつある時期であったため、抜本的な改良を行って市電を再生させるべきであるという意見も出された。結局、２００５年に市電を存続・再生させることに決まり、活性化の切り札として延伸を行うことになった。問題となったのは市電の路線形態だった。１９７３年（昭和４８年）に駅前通を走る市電路線が廃止され、西４丁目とすすきの間の４００ｍが分断され、環状線のような路線形態にもかかわらず効率が悪い状態であった。市電を活性化させるには線路を再びつないで環状線にするのが良いということになり、２０１５年末に延伸して札幌市電は環状線になったのである。同時期に、新型低床電車のポラリスもデビューした。

歩道に直結した停留所

札幌市を東西に貫く大通公園は札幌のシンボルとも言えるエリアで、周辺は商業施設や行政機関も集中する。札幌駅前から大通、すすきのを経て中島公園まで南北を貫く札幌駅前通が南北のメインストリートだ。南北の駅前通と東西の大通公園が交差する地下鉄大通駅周辺が都心の一等地だ。大通公園の南側に三越百貨店とパルコが立地する南１西４交差点がある。この交差点に札幌市電の西４丁目停留所がある。西からやってきた線路はこの交差点で南に90度曲がり、すすきのまで駅前

サイドリザベーション軌道をゆく電車

アーケード入り口を走る

通を走る。めずらしいのは線路の敷き方だ。通常の路面電車では道路の真ん中に線路を敷設する。だが、駅前通の区間では上下の線路が東西に離れて、歩道に沿って敷設されている。道路の両端にトラムの軌道を敷設する方法をサイドリザベーションといい、札幌市電は本邦初の採用例となった。

西４丁目を出て駅前通を出た電車は、ほどなく狸小路停留所に到着する。買い物客や観光客でにぎわう狸小路商店街と交差する。停留所は歩道に面して設置されており、横断歩道を渡らず直接歩道から電車に乗ることができるので便利だ。停留所はガラスも使った屋根付きの立派なシェルターになっており、雪の日も安心して電車を待つことができる。狸小路を出て南に進んだ電車はすすきの交差点にさしかかる。名物のニッカウヰスキー看板を眺めつつ、電車は90度西に曲がってすすきの停留所に到着する。

すすきのを出た電車は、右手に観覧車を眺めつつ幅の広い月寒通を進み、資生館小学校前で南に曲がる。東本願寺札幌別院を経て、住宅地の中を走り、中島公園通停留所に到着。公園西側にある重要文化財の洋館・豊平館や札幌コンサートホールKitaraへは市電が一番便利だ。幌南小学校前で西に曲がり、やがて前方に藻岩山が見えてくる。中央図書館前を経て、車庫のある電車事業所前で北に曲がり、ロープウェイ入口停留所に到着。藻岩山へ登るロープウェイに乗換えができる。街中を走り、西15丁目停留所に到着。大通公園の西の入り口が近い。東に向きを変えた電車は、やがてビルの谷間を走り、始発駅の西４丁目に到着する。

市電ループ化がもたらしたにぎわい

札幌市電ループ化をめぐって、市民の間で賛否両論の議論が巻き起こっていた。沿線住民は存続を求める一方で、沿線外の住民からは赤字の路面電車に税金をつぎ

ニッカウヰスキー看板をバックに交差点を走る

シェルター付きの電停。歩道から直接アクセス可能

込んで改良することへの疑問の声が上がっていた。ループ化のルートも決まっていなかったこともあり、札幌市は無作為に選んだ第三者委員会による市民討議を行うことにした。これはドイツ生まれのプラーヌンクスツェレ（計画細胞）と呼ばれる手法を学んで採用したもので、本場ドイツでもＬＲＴの改編に使われている。積極活用派・懐疑派双方の意見を聞きつつ、第三者委員会が出した結論は、出された案の中で最短の４００ｍの路線新設によって市電の環状化をするとともに、延伸を機に経営改善を行って黒字経営に転換させるべし、というものだった。

延伸を機に乗客は増加傾向にある。ループ化したことにより、従来外回り電車で西４丁目へ向かっていた客が、内回りの電車への利用転換をしたのである。特に大通地区へのアクセスを好む通勤客の増加が生じており、市民との約束であるループ化による経営改善も成果が出つつある。なお、札幌市電は雪とたたかってきた長い歴史を持ち、豪雪の中も安定して日々安定して運行していることは特筆すべきことである。

交差点を曲がる従来型電車

ススキノ名物観覧車をバックに走るポラリス

夜のサイドリザベーション軌道を走る電車

旧塗装のまま残る従来型電車

旧富山港線区間から路面軌道に入る低床式電車

富　山

Toyama

ローカル線を路面電車としてリニューアル

2015 年 3 月に北陸新幹線の金沢開業に伴い、富山へも新幹線が走るようになった。その約 9 年前、日本初の全電車が低床式で、郊外線と路面区間を直通する「ライトレール」が開業している。日本では低床式電車を導入するだけで「LRT（＝ Light Rail Transit）」を名乗るケースが少なくないが、富山では都市政策も含めて新たな都市交通システムを目指している。そうした点で、現在わが国で唯一の LRT といえる。

富山ライトレール

２００６年５月下旬、開業から１か月ほどが経過した富山ライトレールの富山駅北電停の風景である。時刻は20時20分過ぎでしばらくの間、次の電車がこない。電停の時刻表を見ている待ち客の会話が聞こえてくる。次の電車まで30分近くある、と。大都会ならばこの会話の意味は〝やれやれ、次の電車まで30分も待たなければならない、困ったな〟であろう。だが、会話の流れはどうやらそうではない。30分待つだけで電車に乗って帰ることができる。便利になったものだ、ということらしい。

JR富山港線

富山ライトレールの開業前の２００６年の２月まで、郊外線部分はJR富山港線として営業しており、古い国鉄時代の電車で運転されていた。末期には１両のディーゼルカーで運転され、ローカル線然としていた。

当時の富山駅の時刻表では、始発が５時55分、昼間は毎時１本程度の運転であり、夜は20時台の列車を逃すと次は21時半ごろの「終列車」しかなかった。ライトレールとなった後の始発は５時57分で、これは変わらないが、朝のピーク時は10分間隔運転、９時台から20時15分までは15分間隔運転、以後30分間隔運転で、終電は23時15分である。格段の利便性向上であった。

生活密着

「富山港線」が「富山ライトレール」になることによって改善されたのは、車両と運転ダイヤだけではない。新駅が追加されることで路線が利用しやすくなった。例えば粟島（大阪屋ショップ前）電停は食品スーパーに隣接しており、ライトレー

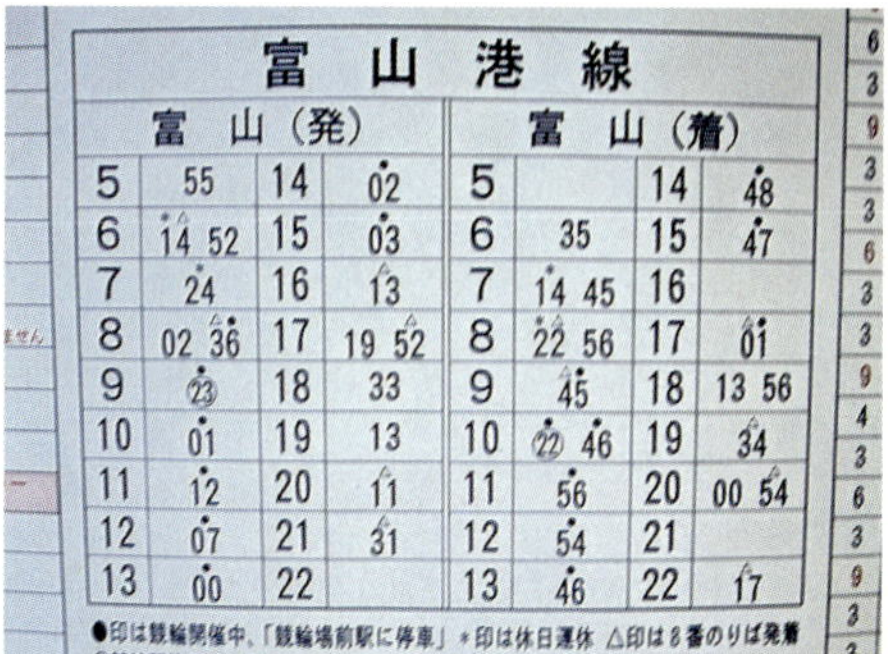

富山港線

富山（発）				富山（着）			
5	55	14	02	5		14	48
6	14 52	15	03	6	35	15	47
7	24	16	13	7	14 45	16	
8	02 36	17	19 52	8	22 56	17	01
9	23	18	33	9	45	18	13 56
10	01	19	13	10	22 46	19	34
11	12	20	11	11	56	20	00 54
12	07	21	31	12	54	21	
13	00	22		13	46	22	17

●印は競輪開催中、「競輪場前駅に停車」＊印は休日運休　△印は８番のりば発着
○競輪開催日のみ運転

富山港線時代の時刻表（2005年）

富山駅北電停（2006年５月）

ルによる移動が生活の一部として組み込めるようになっている。

フィーダーバス

富山ライトレールだけで目的地まで到達できない地区のために、途中の蓮町電停と終点の岩瀬浜電停からはフィーダーバス、つまりバスによる支線が伸びており、沿線サービスの面的な展開が図られている。

沿線観光開発

終点の岩瀬浜から東岩瀬電停にかけて、かつて北前船で栄えた廻船問屋群のある地区が観光地化されており、まちめぐりが楽しめる。

環状線

都心側でも環状線が新規整備されるとともに、従来からの商店街の隣接地では再開発が行われ、住居付き商業施設や全天候型広場が整備されている。近い将来、富山ライトレールはこの付近まで直通運転される構想だ。

コンパクトシティを目指す理由

このように富山が路面電車をはじめとする公共交通を重視したコンパクトなまちづくりに舵を切ったのは、低密度かつ大面積の都市を維持しにくくなりつつあるからである。富山市の中心部を航空写真で見てみると、路面電車の市内環状線やグランドプラザのある総曲輪地区は都心の最も密度が高い区域のはずであるが、実はかなりの部分を占めているのは道路や駐車場である。自動車依存の都市が大面積に広がりすぎて、その道路インフラを将来的に維持し続けるとともに、自動車依存の生

フィーダーバスとの連携（岩瀬浜）

粟島（大阪屋ショップ前）電停

活をし続けられるかどうかを考えての方針転換というわけだ。

《参考文献》

1 富山市、「路面電車南北接続事業の概要」２０１５年３月

2 富山市、「市内電車環状化事業（第23回全国街路事業コンクール応募資料）」２０１１年２月

3 国土交通省、『景観形成ガイドライン「都市整備に関する事業」』「第３編 第３章 街路事業」２０１１年６月

新幹線改札の対面に路面電車乗場

富山地方鉄道市内環状線

グランドプラザ（全天候型広場）

岩瀬地区の北前船モニュメント

単線区間が多いが 15 分間隔で運転

高岡・射水

Takaoka・Imizu

市民が守り抜いた路面電車

富山県高岡市は県北西部に位置する人口約 17 万人の都市であり、高岡城の城下町である。高岡駅前から隣接する射水市の越ノ潟までを結んでいるのが万葉線である。厳密には高岡軌道線(高岡駅前ー六渡寺間) と新湊港線(六渡寺ー越ノ潟間) という(路面軌道ではない) 鉄道線から構成されているが、利用者側からは高岡市内から郊外まで直通し、隣町まで行く路面電車線として認識されている。

簡易な設備

路面電車の線路というと複線軌道が半ば当たり前であるが、高岡市内の市街地（広小路－米島口）部分だけが複線で、それ以外は単線という路線であり、ところどころに行き違い設備がある。また、郊外の路面軌道区間ではホームのない電停もあるなど、比較的設備は簡易である。さらに郊外は専用の線路を走行する。

富山新港により分断

１９６０年代の新産業都市の政策実施以前は、現在の終点である越ノ潟から先にも線路があり、富山市内までつながっていた。富山新港の整備にともなって路線が分断された関係で、かつて路線があった区間の代替として、現在は万葉線と連絡する無料の渡船が運行されている。分断された東側区間は既に廃線になっている。

海王丸パーク

終点である越ノ潟の手前には海王丸パークがあり、かつて商船学校の練習船であった帆船の海王丸が公開されている。万葉線にも同名の駅があり、最寄りだ。付近の海王岸壁にはクルーズ客船も寄港し、万葉線の重要沿線観光地の一つになっている。

市民の運動により存続

万葉線は、かつては加越能鉄道という民間会社の経営であったが、乗客減により廃線の危機にあった。だが、通勤・通学等沿線住民の交通手段であることに加え、進展する高齢社会への福祉対策、環境対策、都市の個性の象徴としてまちづくりに活用できること、定時性が確保できること、高岡と新湊を結ぶ都市の絆としての役

路面から直接乗降する電停

単線部分に存在する交換設備

割を担っていることなどの存在意義があった。市民団体の活動もあり、2002年より第三セクター会社により運営されるに至っている。

1970年代以降、モータリゼーションの進行に合わせて万葉線の経営が課題となりはじめ、1993年には地元団体として「万葉線を愛する会」が結成されている。1998年に万葉線を廃止してバス転換する方針が運営会社から出されたが、これと同時期に市民団体「RACDA高岡」が結成されるとともに、「万葉線再生計画案」をまとめ、これを行政などではなく市民に向けて提案した。交通問題を含めた地域の課題や関心事を一緒に考える集会を多数開催して情報交換をするとともに、万葉線やまちを楽しむためのイベントを開催した。単なる存続を訴えるのではなく、採算の問題を超えた将来的な活用の価値があることを市民に対してアピールした。

この結果、行政から示された厳しい経済的見通しなどを乗り越え、2000年末には第三セクターとして存続させることが決まった。

近代化

2002年の再スタート後は屋根付きの近代的な電停の整備、騒音・振動の少ない軌道の導入、運賃値下げ、低床LRV（Light Rail Vehivle=次世代型路面電車システム用の電車）の導入、ドラえもんのラッピング電車の走行などを次々と実施し、全国的には地域交通利用者が低迷することが多いにもかかわらず万葉線の利用者は増加している。

朝7時台から19時台までの15分間隔の完全ラウンドダイヤ（毎時同分に出発する覚えやすい時刻表）の実施、無記名式定期の採用（持参した人なら誰でも乗れる定期）、一日券の発行、環境回数券（オフピーク回数券）の発行、パークアンドライ

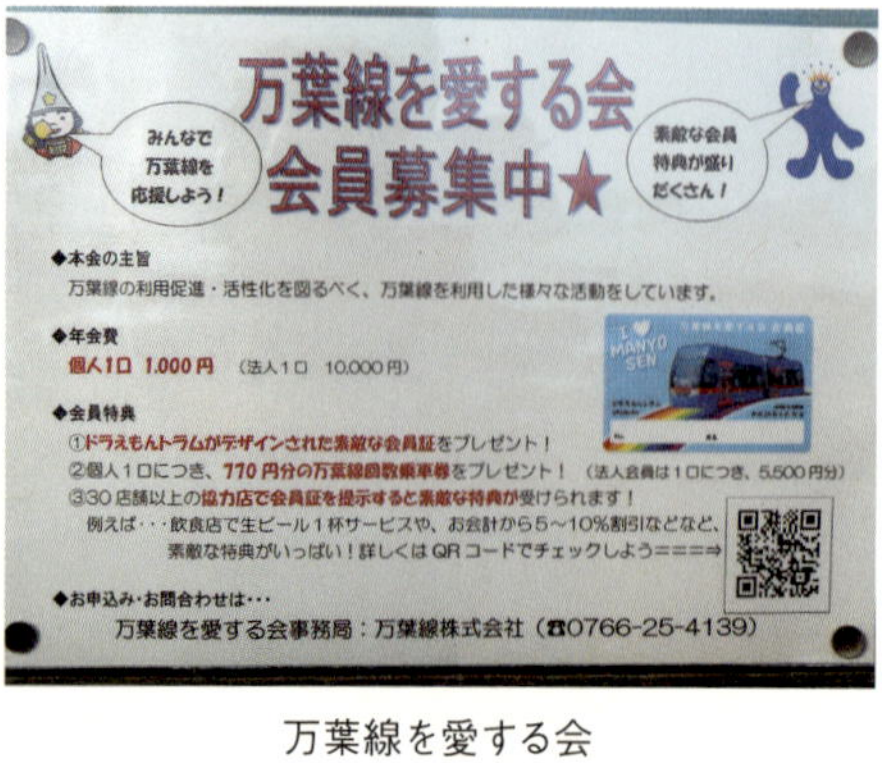

万葉線を愛する会

万葉線と連絡する渡船

ドの実施、バスとの接続、沿線の映画ロケ地の案内などを行っている。

これから

高岡市内には都市交通や近隣地域を含めての地域交通として利用できる鉄軌道が、万葉線のほかに氷見線、城端線、北陸線があり、これらをいかに連携させるかが課題である。２０１５年には北陸新幹線の新高岡駅が開業したが、従来の中心駅である高岡駅から離れており、アクセス交通機関としてこれら鉄軌道をどう連携し、活用してゆくのかといった点にも注目が集まっている。

《参考文献》

１　島　正範、「万葉線とRACDA高岡」『交通権』第23号、４-８頁、２００６年
２　路面電車と都市の未来を考える会・高岡、「RACDA高岡の取組み（地球温暖化対策とまちづくりに関する検討会）」２００６年10月
３　万葉線株式会社ＨＰ、「万葉線の歴史」

騒音・振動が少ない軌道に更新

幅が広げられて屋根付きになった電停

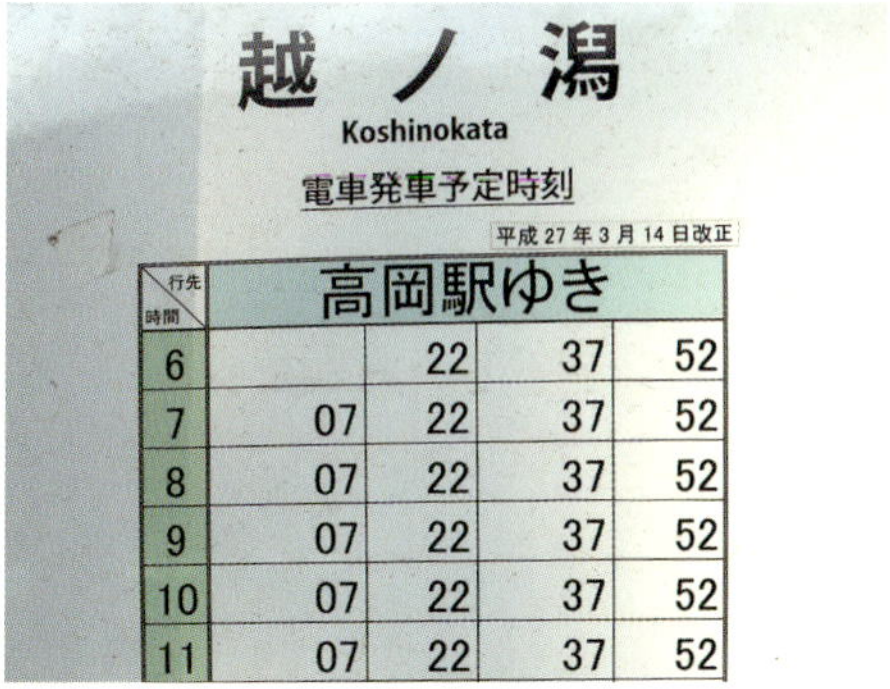

完全な 15 分間隔運転の実施

万葉線の低床 LRV

直通列車線用ホームで出発を待つ ki-bo
（えちぜん鉄道所有）

福　井

Fukui

路面電車が 2 社線を直通

福井市と越前市（旧武生市）を結ぶ福井鉄道福武線の福井市街部分が路面軌道である。ここをえちぜん鉄道所有の 2 連節式低床 LRV（＝ Light Rail Vehicle、LRT 用の電車）である ki-bo と福井鉄道所有の 3 連節式の FUKURAM が走る。

これらの LRV は越前武生駅から福井鉄道線を北上し、北端の田原町電停からえちぜん鉄道三国線に乗り入れ、福井市内の北端である鷲塚針原まで急行列車として直通する。大都市で地下鉄と郊外鉄道が直通運転する形態はめずらしくないが、路面電車が異なる 2 社線を直通するのは大変めずらしい。このような形態ができ上がったのは、現在に至る鉄軌道維持に関する住民や行政の苦い経験が関係している。

えちぜん鉄道

現在えちぜん鉄道線として営業されている福井市から郊外に広がる鉄道路線は、かつては京福電鉄による経営であった。２０００年末と２００１年６月の二度にわたって衝突事故が発生し、福井県下の京福電鉄全線に運行停止命令が国交省より下った。当時１日あたり約８千人の利用者があり、これらが急遽代行バスで輸送されることになった。代行バスは積み残し、大幅な遅延、幹線道路の大渋滞を引き起こした。しかも元の鉄道の半分以下しかバスで輸送されておらず、期せずして鉄道の重要さをクルマ社会に知らしめる「社会実験」が実施されたも同然になった。当初は運行再開の費用が大きかったことから廃線論が大勢を占めるように見えたが、沿線の市民団体や学識経験者が鉄道を取り巻く正確な情報提供を行い、理論的な議論を促した。その結果、鉄道を維持することが地域にとって有利であるということが行政や議会に伝わり、インフラの保有を公共が行い、列車の運行を民間が行うという上下分離方式が導入されたうえで２００３年に第三セクターの「えちぜん鉄道」が発足した。

福井鉄道

一方、２００５年度に鉄道部門で多額の減損損失を計上した福井鉄道は２００７年に自主再建を断念し、沿線自治体に支援を要請するようになった。関係団体で組織される協議会で10年間の支援スキームが策定される

えちぜん鉄道

福井鉄道（2006 年）

FUKURAM（福井鉄道所有）

とともに福井鉄道の経営から名古屋鉄道が撤退し、沿線経済団体や沿線市が主要株主である新しい会社体制に移行した。

相互直通運転へ

2012年までに北陸新幹線の福井県下への延伸工事着手が決まると、えちぜん鉄道の高架化や福井駅西口の再開発などの事業の実施も決定された。また、地域交通の強化についても本格化し、その一環として福井鉄道とえちぜん鉄道とを田原町駅を介して直通運転する事業も実施されることになった。

田原町駅は従前よりえちぜん鉄道三国芦原線の途中駅であるとともに、福井鉄道の終点駅でもあった。路線はどちらも軌間1,067㎜、直流600V電化であり、田原町駅西端では分岐器こそないものの線路は極めて近接する位置にあった（左が福井鉄道福武線の終端、右がえちぜん鉄道三国芦原線）ため、比較的少額の投資で直通運転できる環境があった。

2 社直通トラム・トレイン

存続危機を乗り越え、事業者、行政、地域住民が一体となり、2013年より低床LRVがえちぜん鉄道と福井鉄道を直通運転するようになった。写真では、左の線路から順に福井鉄道線内用、直通運転用、えちぜん鉄道用になっている。また、路面区間でも停留所設備を近代的なものへと更新している。

乗継ぎ便を含めて多頻度運転化を図り、路面区間では優先信号システムを導入するなどして利用者を増加させている。

福井鉄道線では従前より路面電車用車両が使用されており、郊外駅であっても低いホームが使用されていた。一方、えちぜん鉄道線では高床式の電車を前提とした

田原町駅西側（2018年）

田原町駅西側（2006年）

設備になっているので、急行列車である直通列車の停車駅のみ写真のように低いホームを両側に追加整備して使用している。

終点のえちぜん鉄道線上の鷲塚針原駅では直通列車専用ホームが追加されており、ここを使って折り返し運転されている。

「ヒゲ線」問題

現在、福井市内路面区間では直通列車は広域的な交通拠点である福井駅前電停に立ち寄らずに運転されている。福井駅前へは福井鉄道福武線から通称「ヒゲ線」と呼ばれる枝線が分岐しており、福井駅前電停に立ち寄るには運転方向を2度変えたうえで、15分近く余分に時間をかけてヒゲ線を往復しなければならない。このヒゲ線については、線路配置や敷設道路を改善して、運転方向を変えずに（あるいは変える回数を減らして）運転できるような改良の構想がしばしば浮上している。

《参考文献》

1　福井県、「福井県における地域鉄道支援の取り組み―えちぜん鉄道の発足から挑戦を中心に」２０１７年６月

2　えちぜん鉄道株式会社、「地域社会と鉄道にとっての外国人対応（総合的社会基盤整備連絡会議）」２０１７年７月

3　福井鉄道福武線活性化連携協議会・えちぜん鉄道活性化連携協議会、「福井鉄道　えちぜん鉄道ＬＲＴ整備計画について」２０１３年８月

4　ＮＰＯ法人ふくい路面電車とまちづくりの会（ROBA）ＨＰ、「えちぜん鉄道発足と「福井」―住民の行動とその後の展開」

5　国土交通省ＨＰ、「えちぜん鉄道の経験」

6　福井鉄道株式会社ＨＰ、「会社概要」

方向転換して“ヒゲ線”に向かう福武線内列車

低床電車用のホーム（両側）

住吉電停付近を走る阪堺電車

堺・大阪

Sakai・Osaka

市民と行政が一体となって支える路面電車

阪堺電車は、大阪市と堺市をつなぐ路面電車である。大阪市側の起点は恵美須町と天王寺の2か所であり、堺市側の起点は浜寺駅前である。これら三つの電停をY字型でつないでいる。天王寺から住吉までを上町線、恵美須町から浜寺駅前までを阪堺線と呼んでいる。かつては、電車の運行も上町線、阪堺線に分かれて前記の停留所間を運行していたが、天王寺から阿倍野にかけてあべのハルカスやキューズモールなどの商業開発がなされ、需要も天王寺方面が大きくなったために、現在では天王寺−浜寺駅前間が直通運転されており、恵美須町発着の電車は車庫がある我孫子道までとなっている。

新しいまちと古いまちをつないで走る新しい電車と古い電車

天王寺電停は、２０１８年現在日本一高いビルとして有名なあべのハルカス（高さ３００ｍ）の真下にある。最も近代的な商業ビルの下を、日本で現役最古の車両モ１６１形が走る光景は一見の価値がある。阪堺には古い車両だけではなく、堺トラムと呼ばれる低床式の車両も３編成ある。車体のカラーリングから「茶ちゃ」「紫おん」「青らん」との愛称がある。写真は、松虫電停で専用軌道から併用軌道に入る紫おん。向こうに見えるのはあべのハルカスである。

あべのハルカスと現役最古の車両モ161形

松虫電停に停車している低床式の堺トラム

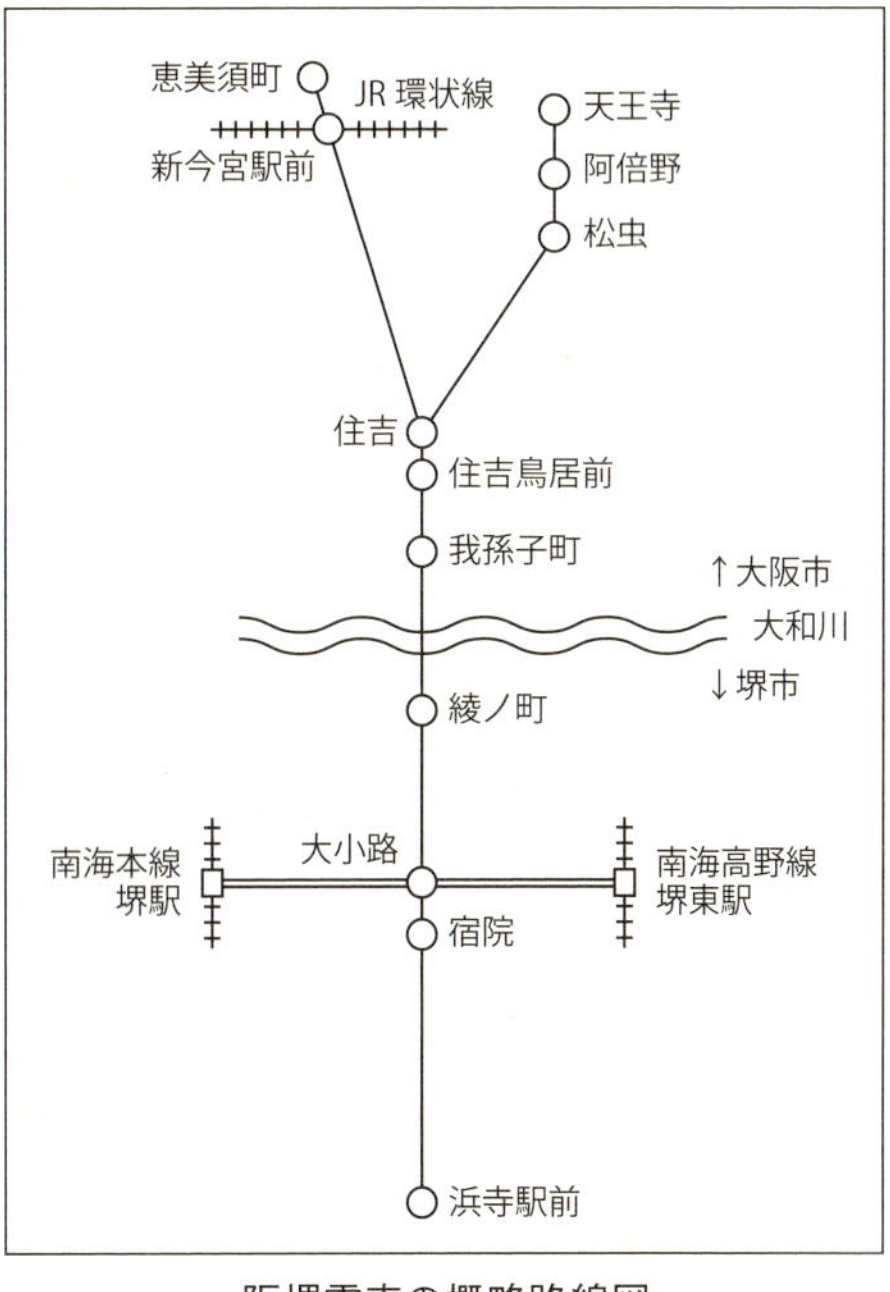

阪堺電車の概略路線図

松虫から先は専用区間に入る。

上町線と阪堺線の分岐点である住吉の次の電停が住吉鳥居前である。すみよっさんと親しまれた大きな神社であり、大阪三大夏祭りの一つである住吉祭りや初詣時には多くの人を集める。

さらに南下して、車庫のある我孫子道を越え、大和川を渡ると堺市に入る。綾ノ町から先は、旧紀州街道の大道筋に入る。大道筋は、幅員50m、6車線の広幅員道路で、中央部分に阪堺電車線路が敷設されている。沿線、近隣には、堺刃物で有名な刃物業、鉄砲鍛冶屋敷、ザビエル公園、神社仏閣、与謝野晶子生家跡碑、千利休屋敷跡などが並んでいる。

大小路電停のところでは、堺市中心市街地部を東西に横切る大小路と直交している。西端に南海本線堺駅、東端に南海高野線堺東駅があり、堺の中心駅である両駅をつなぐ大小路沿いには商業施設が分布している。

ＬＲＴ計画の頓挫と阪堺電車への公的支援

かつて大小路には東西鉄軌道と呼ばれるＬＲＴ路線の新設計画が、２００４年ごろに立案されていた。かねてより、堺市は東西方向の公共交通機関網が脆弱であり、特に、２００６年に政令指定都市に移行してからは、独自の都市圏形成の上からもＬＲＴに期待が高まっていた。富山ライトレールに続いて、日本で二番目のＬＲＴ誕生が期待されたが、社会的合意形成に失敗して２００９年の市長選挙をきっかけにＬＲＴ計画は事実上頓挫した。

阪堺電車の乗降客数は、自動車・他鉄道への転換、沿線地域の活力低下などにより長期的に低下していた。東西鉄軌道新設による立て直しが期待されたが、それが頓挫したために、阪堺電車の存続までもが危ぶまれた。そこで、重要な公共

住吉鳥居前電停

専用区間を走る阪堺電車

交通がなくなることへの市民の危機感に促されて、2010年度から堺市による阪堺電車への支援が開始された。具体的には、2010年度からの10年間、総計50億円の支援が堺市によってなされることとなっている[1]。阪堺電車（堺市内区間）への支援策の主な内容は、以下のとおりである。なお、2018年時点では少し異なっているところがあるが、ここでは2010年度時点のものを示す。

①　堺市内・大阪市内区間の運賃均一化（運賃値下げ）
②　高齢者運賃割引（おでかけ応援制度）
③　ゾーンチケットの発行
④　阪堺線の運行継続に必要な経費の阪堺電車への支援・老朽化対策
⑤　低床式車両や交通ＩＣカード導入等高度化への補助

以上のような行政からの支援、阪堺電車事業者によるさまざまなキャンペーンなどによる乗客増加策、市民による沿線での催しや宣伝などの応援策など、行政、事業者、市民が一体となった支援により、阪堺電車の需要が最も落ち込んだ2009年度に比較して、2017年度には乗客数が13.6％増加している[2]。乗客の増加により、運賃値下げに伴う減収分を上回る収入増となっている[3]。路面電車再生の重要な前例となるであろう。

《参考文献》
1　堺市、「阪堺線（堺市内区間）存続に係る堺市の支援策（協議案）」2009年
2　堺市建築都市局交通部、「堺市阪堺線活性化推進懇話会資料『阪堺電軌の利用状況について』」p.1、2015年
3　堺市建築都市局交通部、「堺市阪堺線活性化推進懇話会資料『「阪堺線支援の中間検証結果の概要について』」p.6、2015年

かつての大浜潮湯歌劇場を模した宿院電停

大道筋を走行する阪堺電車

たま車両正面

岡　山
Okayama

夢も乗せる路面電車

JR 岡山駅から東に向かってまっすぐに伸びている大通り、桃太郎大通りに路面電車が走っている。市中心部の岡山カルチャーゾーンを抜けて南方面へと伸びる 2 系統の総延長 4.7 km、日本で一番短い路面電車である。1912 年の開業以来、モータリゼーションの波も乗り越えて、綿々と市民の足を続けている。距離こそ短いが、ほぼ 5 分おきに電車がくるという高頻度走行であり、その車両も、たま、KURO、MOMO などと多種多様、イベント電車もある。より良いサービス提供を目指して、JR 岡山駅乗入れなど奮闘中。

楽しく愛される路面電車

車両デザインが統一される傾向が強いなか、岡山の路面電車は多様性を謳っている。猫のたま駅長が描かれ猫耳まで付いた「たま」、烏城と呼ばれる岡山城の黒色をまとったノスタルジックな形の「KURO」、貴重な東武日光軌道線復元号、さまざまにラッピングされた車両、そして、低床車両で内装に木材を使ったということで話題を呼んだ岡山出身のデザイナー水戸岡鋭治氏による「MOMO」がある。「たま」車両では外観だけでなく内装、天井や座席のファブリック、スクリーンにもたまが登場してたまを撮りにくる乗客も見られる。頻繁に行き交う車両はそれぞれに個性的であり、統一された美しさとは異なる、さまざまな車両を眺める楽しさがある。

また、「たま」車両に乗って降車ボタンを押すと、それに答えてくれるのは「たま」である。単一なアナウンスではない音を楽しむことができる。

岡山駅から岡山城、後楽園、シンフォニーホールといった観光名所を結び、待たずに乗れるメリットは大きく、乗客には通勤・通学・ショッピングなどの人々に加えて、観光客も多く見られる。また料金体制は、駅から都心部までは大人１００円、小人50円というワンコインになっていてわかりやすく便利である。ただし、リピーターにはカード利用客が多い。

路面電車の軌道は道路中央にあり、停留所は島式、ただし一部には、軌道脇にプラットホームも柵もなく道路に緑色のマークだけの停留所がある。

各停留所には、多言語対応のロケーションシステム「電車どこ?」で、どの電車が今どこにいるのかが一目でわかる案内ボードも完備している。

緑色マーク停留所からMOMOに乗る

大通りを走る

進化を続ける多様な取組み、遊び心も

開業から既に100年以上の歴史を持つ岡電は、この間にいくつもの新しい取組みを行ってきている[1]。

1951年から岡電式（石津式）パンタグラフを使用。

1991年には、全国初の女性路面電車運転士が誕生。

1994年には、西日本で初めてプリペイドカード導入。

そして2018年10月には、イギリスの人気鉄道アニメ「チャギントン」に登場する列車キャラクターの「ウィルソン」「ブルースター」を実写化した車輌が公開され、翌2019年3月16日から観光列車して運行予定であることが発表されている[2]。

また、季節ごとにさまざまなイベント電車も走らせている。6月から9月までは、車内にビールサーバーを積み込んだビール電車で「MOMO de ビアガー電」、それ以外の期間には「MOMO de ワイン電車」。いずれも夕刻からで、路面電車に乗って街の夜景を楽しもうとするものである。夏になると沿線の高校生の協力も得て涼やか音色の風鈴電車。さらに、今では誰もが知るようになったハロウィーンの時期には、「ハロワイン電車」を運行していて、2017年のハロウィーンでは、仮装した乗客にはパンプキンパイをプレゼントしている。このように、移動手段というだけではない、乗客と路面電車の特別な関係、乗ることで体験できるいつもと違う時間をつくり出しており、乗っていることの楽しさに足を踏み込んだ遊び心のある路面電車と言える。

さらに新しい取組みとして、2016年には、2系統の内の1系統の終点停留所「東山」すぐ横に、今まで非公開だった岡電の工場の一角をリノベーションした「おかでんミュージアム」を開設している。

たまの内装（天井、スクリーン）

都心エリアを走るKURO

今後の展開に向けて

このように新しい取組みを進めてきている岡山の路面電車の現状での大きな課題は、JR岡山駅へのアクセスである。JR岡山駅は新幹線も停車し、中国地方各方面からの複数の路線が集まってくる主要駅であるが、路面電車停留所は駅前の大通りを挟んで向かいにある。そのため、地下街岡山三番街に降りるか、地上であれば少し遠回りして横断歩道を２か所渡っていくかしかなく、スムーズな乗換えとは言い難い。この課題解決のために岡山市と協議を続けてきているが、２０１８年10月に、岡山市長は２０２３年度の岡山駅乗入れ供用開始を目指すスケジュールを決めたことを発表している[3、4]。

また、岡山市は、新市民会館へのアクセス、および中心市街地の利便性向上のための路面電車の延伸・環状化の検討も２０１８年から着手することを明らかにしている[5]。路面電車の都市生活へのさらなる貢献、市民生活に寄り沿った質の高い路面電車のあり方が大いに期待されている。

《参考文献》

1 岡電館ＨＰ、「岡山電気軌道のあゆみ」
2 山陽新聞、「アニメ『チャギントン』列車公開　岡山電気軌道が19年３月運行」２０１８年10月23日
3 岡山市ＨＰ、「路面電車乗り入れを含めた岡山駅前広場のあり方検討会　第５回検討会」
4 日本経済新聞、「路面電車の岡山駅乗り入れ、23年度供用開始―市がスケジュール案　東口広場も整備」２０１８年10月９日
5 山陽新聞、「岡山市が路面電車の環状化検討へ　新市民会館へのアクセス高める」２０１８年２月16日

岡山駅前

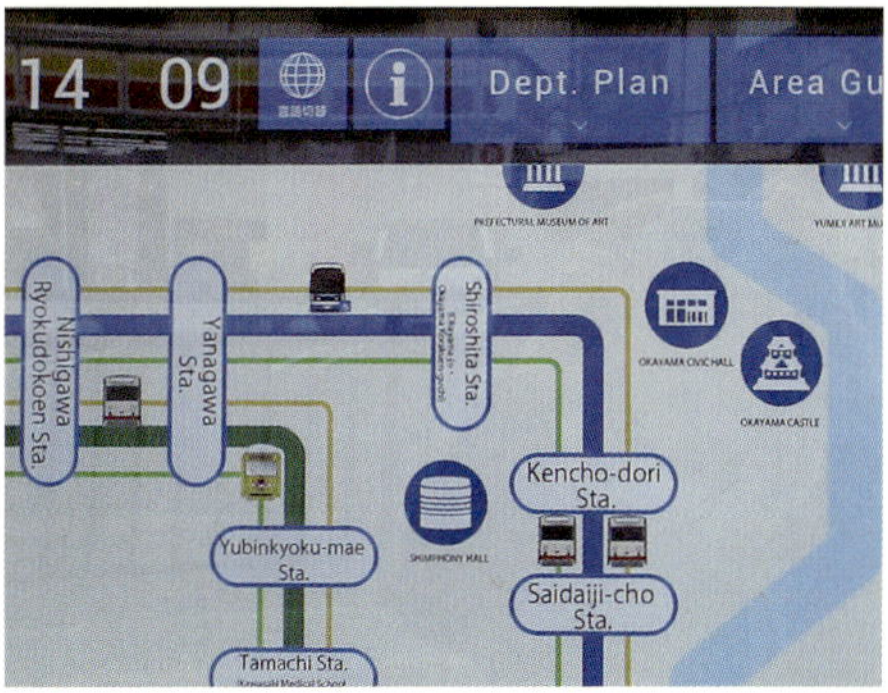

今どこサイネージ

広島東洋カープ応援企画「カープ電車」

広　島

Hiroshima

日本最大の路面電車ネットワーク

広島市と廿日市市を営業エリアとする広島電鉄は、広島市内の軌道線 19.0 km と宮島口を結ぶ鉄道線 16.1 km の計 35.1 km の路線を有し、年間輸送人員 5、609 万人（2014 年度）の日本最大の路面電車事業者である。開業は 1912 年で、1945 年の被爆後も 3 日後には運行を再開するなど、戦禍をくぐり抜け 100 年以上の歴史を刻んでいる[1, 2]。

市内軌道線の役割

市内軌道線の沿線の状況を紹介しよう。広島の市街地は、八丁堀から紙屋町にかけて都心地区が、本通から市役所前にかけてビジネス街が立地しており、JR広島駅、横川駅、西広島駅の各駅からこれらの地区へアクセスすることができる路線であることから、朝夕の通勤に欠かすことのできない路線となっている。また、海の玄関口である広島港とも結ばれており、四国の松山や瀬戸内の離島から往来する人々が都心へアクセスする路線としても機能している。本線の土橋から西広島（己斐）にかけての地区、江波線の横川から江波にかけての地区、宇品線の皆実町から海岸通にかけての地区は住宅地が広がっており、住宅地と都心地区を結ぶ生活路線として重要な役割を担っている。また、都心には世界遺産に登録されている原爆ドームもあり、観光の足としても活用されている。

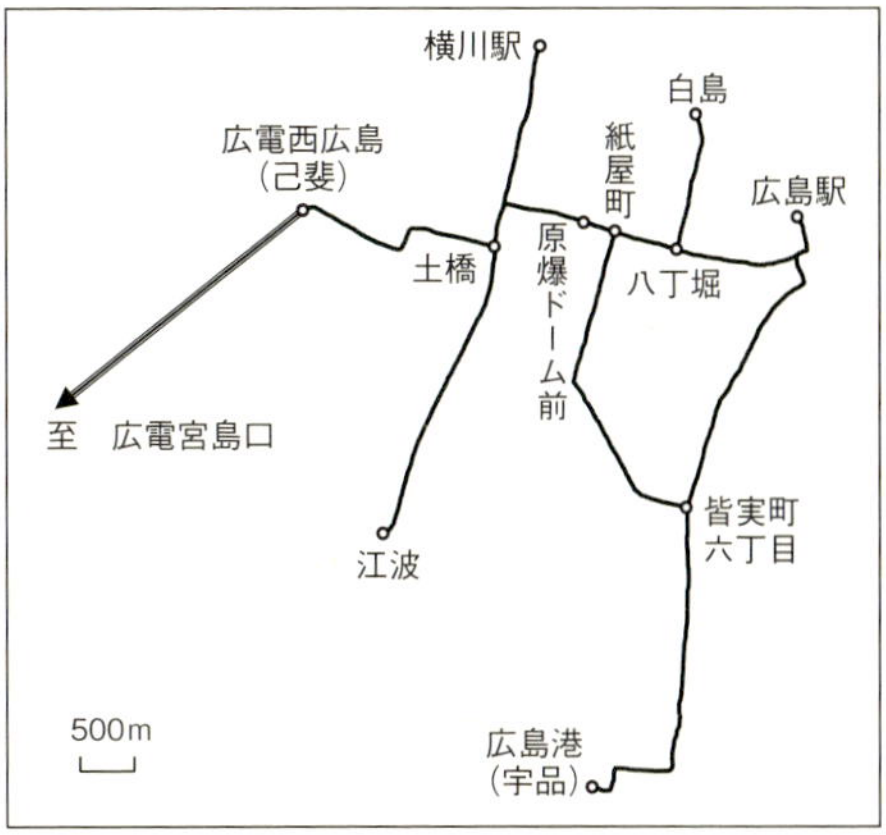

日本最大の路線網を持つ広島電鉄の路線網

郊外鉄道線の役割

鉄道線である宮島線（広電西広島－広電宮島口間）と市内軌道線は直通運転がなされている。鉄道線沿線にも広島市から廿日市市にかけて住宅地が広がっており、郊外から都心をダイレクトに結ぶ通勤の足としての役割を担っている。また、終点宮島口は世界遺産・宮島の玄関口であり、広島市内と結ぶ観光路線としても重要な

郊外鉄道線を走行する宮島口行き電車

軌道緑化もなされている原爆ドーム前電停

役割を担っている。広電宮島口駅周辺では、2020年の完成に向けてフェリーターミナルの再整備事業が進んでおり、その後広電宮島口駅が海岸寄りに移設される計画となっている[3]。

新旧の車両が織りなす懐かしさと先進性

過去に全国で路面電車の廃止が相次いだなか、広島電鉄は各地の車両を譲り受けて運行をしていることから路面電車の博物館とも言われている。その一方で、低床車両の「グリーンムーバー」を1999年に導入するなど車両の更新にも力を入れており、2005年には国産の低床車両「グリーンムーバーmax」、2013年には短編成の低床車両「グリーンムーバーLEX」が導入され、全132編成中34編成が低床車両という構成（2017年12月末現在）となっている。

乗りたくなる運賃システム

路面電車の市内線は均一運賃制度を採用しており、1回180円で乗車することができる。また、乗継ぎ指定電停で乗継ぎ券を発行してもらえば、市内線であればどの区間でも均一料金で乗車することができるようになっている。また、2008年からはICカード乗車券「PASPY」が導入され、PASPY利用であれば約10％引きの運賃で乗車できるほか、上述の乗継ぎ制度も反映されるようになっている。さらに、宮島線も乗車可能な一日乗車券は600円で1日乗り放題となっており、多くの観光客がこの乗車券を利用して市内と宮島を観光している。

交通結節点の利便性向上策

2000年以降、広島市内の交通結節点の改良事業が進められ、2001年に

新旧の車両が行き交う市内軌道線

IC 乗車券 PASPY は広島地区の電車・バスで利用できる

広電西広島駅の改築、２００３年に横川駅電停の駅前広場乗り入れ、および広島港電停の移転・新築を行い、乗継ぎ利便性の向上が図られている。

今後の路面電車の機能強化策の一つとしては、駅前大橋線の整備が計画されている[4]。これは２０２０年代前半の完成を目標として、広島駅と都心部を短絡する路線を新設するもので、広島駅南口に高架方式で乗り入れる計画となっている。このことにより、広島駅と都心地区の所要時間が現状の約15分から３分程度短縮することが見込まれており、今後も通勤、生活、観光の足としてますます重要な役割を果たしていくことであろう。

《参考文献》
1 広島電鉄株式会社、「広島電鉄開業１００年　創立70年史」２０１２年
2「路面電車年鑑２０１８」イカロス出版、２０１８年２月
3 廿日市市、「宮島口地区まちづくり整備計画」２０１７年
4 広島市、「公共交通体系づくりの基本計画」２０１５年８月

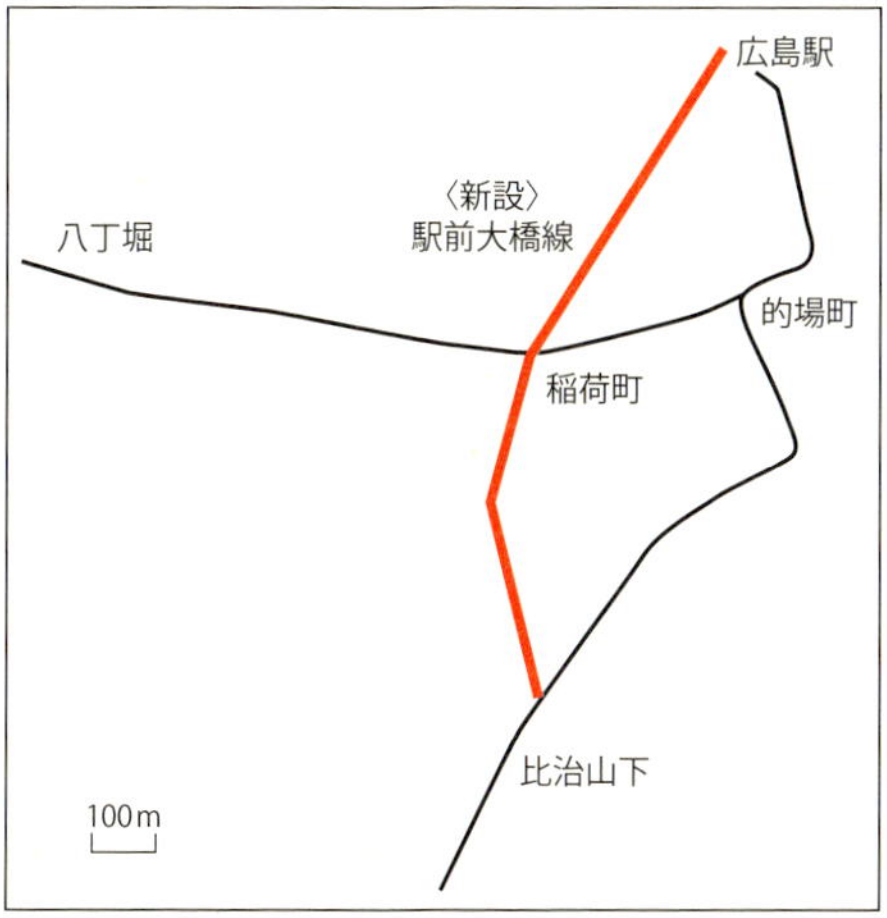

駅前大橋線の路線整備予定位置図

この通りを直進して広島駅に乗り入れる予定

2003 年に駅前広場に乗り入れた横川駅電停

道後温泉に向かうみかん色のモハ 5000 形

松　山

Matsuyama

みかん色の電車で温泉へ

城下町の名残を残すコンパクトな中心市街地を、伊予鉄道株式会社（以下、伊予鉄道）の「市内線」と呼ばれる路面電車が走る。その歴史は、後に伊予鉄道と合併した道後鉄道による 1895 年の運行開始にさかのぼる。

路線は、松山城を取り囲む形で環状運行を行っている二つの系統、松山市駅や JR 松山駅と道後温泉を結ぶ二つの系統、それに松山市駅から松山城西側の堀沿いを北に走る一つの系統からなる。すなわち、市民の足（環状線）と観光客の輸送（道後温泉行き）の両方の役割を担っているのが特徴と言える。

さらに、日本最初の軽便鉄道であり、夏目漱石の小説にちなんで名づけられた「坊ちゃん列車」の復元車両が、別料金とはなるが、上記の内 2 つの系統とほぼ同じ区間を日に最大 10 往復し、道後温泉に向かう観光客の好評を得ている。

専用区間と併用区間の対比のおもしろさ

　宮田町から上一万までの北部（および西部）は単線の専用軌道であり、住宅裏の塀の間を縫い、多くの踏切を越えて進む。この間には松山大学や赤十字病院があり、学生や通院者の利用も多い。ただ、どうしても停留所は、塀と線路に挟まれたホーム幅の狭いものとなってしまう。

　この区間以外は幹線道路に中寄せ軌道が配された併用区間となっている。特に南堀端—上一万間は四つの系統が重なり、それぞれが10分間隔の運行なので相当な高頻度で電車が往来する。特に松山城の南側は停留所名を見ても「市役所前」「県庁前」「大街道」と続くメインストリート。「大街道」は南側に市内最大の繁華街が広がり、一方、停留所の北に位置する松山城へのアクセス口となっている。自動車や歩行者が多く行き交う道路の中央に設置された停留所で、多くの利用者が路面電車を乗り降りする。ところが松山城西側の堀沿いを走る区間は全て単線となっており、ここの停留所の狭小さは専用区間と同様だ。線路をカーブさせて停留所を設けているところもある。

「単車」だと新旧どちらの車両がいいのか悩ましい…

　こうした路線を新旧織り交ぜた車両が走る。1951年に最初の車両が製造されたモハ50形と京都市交通局から譲渡されたモハ2000形の従来形に加え、2002年に超低床車のモハ2100形が、2017年に同じくモハ5000形が導入された。

　最初の2つの形はベージュと朱色のツートン、モハ2100形は白と赤のツートンで元々は塗装されていたが、後述する「IYOTETSUチャレンジプロジェクト」の一環として車両カラーが「愛媛らしくオレンジ色に統一」[1]された。つまりは、愛媛名物の「みかん色」への統一である。

　低床型車両といっても、軌道や車両限界の制約から単車形式とならざるを得ず、

狭小な停留所（中寄せ軌道区間）

狭小な停留所（専用軌道区間）

車軸付き台車を車体の両端に配置して上部に運転台を配し、中央部のみ低床としている。モハ2100形では、高床部分にも2名分の座席を設けているものの、座席数や車両定員が従来に比べ大幅に減ってしまった。モハ5000形も同様の構造であるものの、高床部分の座席を4名分とし、料金箱後ろにも折り畳み式の座席を設けることで、若干ではあるが座席数と車両定員の増加を図っている。ただし通勤時間帯には、低床型車両では積み残しが生じてしまうという悩ましい状況が起きている。

モハ50形とモハ2000形

鉄道ファン必見のダイヤモンドクロス

さて、この市内線には鉄道ファン必見のものがいくつかある。坊ちゃん列車の転車台も目を引くが、大手町停留所付近で鉄道線と軌道線が交差するダイヤモンドクロスは全国で唯一のもの。当時の国鉄松山駅への乗り入れ路線を環状化したことで、郊外線と市内線の平面交差の必要が生じたことによる。ちなみにもう一方の交差部分は、古町停留所の南側にある。ここは郊外線と市内線の乗換駅となっており、プラットホームの配置も特有なものとなっている。

「チャレンジ」への期待

こうして、明治の時代から市民の足として愛されてきた伊予鉄道市内線である

モハ5000形とモハ2100形

モハ5000形の高床部分

が、廃止の憂き目に遭わず継続して運行されてきたがゆえの課題もこれまで見てきたように多くある。しかしこうしたなか、伊予鉄道は２０１５年以降、さまざまな積極策を打ち出している。全国初の路面電車内無料WiFiサービスや、郊外線のサイクルトレインやサイクルバス・タクシーの運行を皮切りに、「ＩＹＯＴＥＴＳＵチャレンジプロジェクト」と題して、新しい英字ロゴとともに、オレンジ色への車両塗装色の一新が、路面電車だけでなく、バスや郊外電車も含めて行われた。モハ５０００形車両の導入もこの一環であり、ほかにも「坊ちゃん列車ミュージアム」をオープンさせ、さらには、空港への市内線の延伸計画も検討を開始するとしている。

JR駅との乗り継ぎ性向上を目指す

ところで、JR松山駅前停留所は駅からのアクセスには駅前広場を通り抜け、その先の幹線道路をくぐる地下道を通って階段を上り下りするしかない。過去には駅構内に乗り入れていたものが、駅前広場に停留所を移し、さらに駅前広場からも「追い出され」て道路上に再移設された格好であるが、この問題もこれからは解決に向かう。県の連続立体交差事業、市の土地区画整理事業、および両者の街路事業を組み合わせた形での駅周辺整備計画が２００８年に都市計画決定され、そのなかで、高架化されるJR松山駅の地上部分にJR線と交差する形で乗り入れ、さらに西方向へ松山環状線まで約７００ｍの区間の延伸計画が示されている。まさに、JR富山駅下での富山ライトレールと富山市内軌道線（富山地方鉄道）の事例と同じ乗り入れ形態となる。これらが実現すれば、ますます便利で楽しい路面電車の走るまちとなろう。

《参考文献》

１　伊予鉄道ＨＰ、「ＩＹＯＴＥＴＳＵチャレンジプロジェクト」（ＰＤＦ）２０１５年５月

坊ちゃん列車ミュージアム

全国唯一のダイヤモンドクロス

春爛漫の長崎のまちを走る長崎電気軌道

長　崎

Nagasaki

まちのどこからでも見える路面電車

日本には路面電車の走っている都市が20弱あるが、街の中の主要なところへ路面電車だけで行ける、という意味では長崎が一番だろう。長崎は浦上川とその支流の谷筋に平地が広がり、そこに市街地が発達しているが、長崎の路面電車（長崎電気軌道、以下では長崎電鉄と略称）のネットワークがかなり多くの部分をカバーしている。運賃も一律120円（2018年現在）で、全国で最も安い。道が渋滞していてもその横を路面電車はスムーズに走っている。長崎のまち巡りをするのに路面電車を使わない手はない。2006年の「長崎さるく博」でも有名になったが、長崎は歩く街である。歩くことと路面電車は相性がいい。まちの有名どこの多くは電停のそばにあり、歩いていけるところが大多数である。

長崎の有名どこと長崎電鉄の関係

長崎電鉄は、４系統、２１・１㎞の路線がある。沿線には、グラバー邸、大浦天主堂、平和公園、浦上天主堂、出島、思案橋、中華街、眼鏡橋など、長崎の有名地が目白押しである。長崎の有名な箇所と路面電車の位置関係がわかる写真を撮りに出かけよう。

長崎の有名観光地の中でも、電停からの近さという点では出島がトップだろう。電停を降りたすぐそこが出島和蘭商館跡入り口である。長崎港もすぐそこで、出島ワーフ、水辺公園、長崎美術館など行くところは多い。

中華街も近い。新地中華街電停から歩いても１分程度である。中華街の中から大通りを覗くとそこにも電車が走っている。

思案橋も電停の横から食べ物屋や飲み屋が並ぶアーケード街が始まる。

新地中華街入り口の向こうに電車

電停のすぐ横は思案橋

出島和蘭商館跡を通る電車

眼鏡橋のあたりも、古い石造りの橋が並んでいて美しい。写真の右側に眼鏡橋が写っているが、その向こうにやはり電車が走っている。

グラバー邸や大浦天主堂、浦上天主堂、平和公園は、残念ながら現地から電車が見えるほどには近くはない。ただ、見えないだけで、電停から歩いても5分とか10分という程度なので路面電車で巡るのに何も問題はない。

グラバー邸へ行くには、5系統の電車で石橋方面であるが、大浦海岸通りから先は単線になりしかも石橋電停までまっすぐの線路である。大浦天主堂電停に着くと、ちゃんとグラバー邸の行き先表示がある。

浦上天主堂や平和公園は、平和公園電停で降りればよい。平行してJR九州長崎本線も走っていて、長崎電鉄もこのあたりでは専用軌道を走行している。

このように、ほとんどの長崎の有名どこから長崎電気が走っているのが見える。渋滞の影響を受けず、値段も安く、まちの主要な所へ行ける大変便利な乗り物である。路面電車は長崎のまちのシンボルである。

利用者の利便性向上と経営のジレンマ

長崎電鉄はバリアフリーにも熱心に取り組んでいて、全39電停のうち34電停が車椅子での利用が可能である。また、超低床式車両も5編成導入されている。

しかし、最も重要なJR長崎駅前電停が、歩道橋でしかアクセスできず、車椅子利用者や高齢者などの人々にとっては上下移動が大きな問題である。歩道橋利用が困難な人は、隣接の八千代町、五島町、桜町電停に移動して乗車している。

事業者も行政もこのことは認識しており、長崎新幹線開通を契機とした「長崎駅周辺まちづくり基本計画」(平成23年2月、長崎市)では、長崎駅周辺整備に併せて「長崎駅前電停への動線がバリアフリー化されていない」という問題意識のもと、幅員

眼鏡橋から見える電車

大浦天主堂電停とグラバー邸の行き先表示

約18ｍのトランジットモール線により、「路面電車を駅舎付近へ引き込むことにより、鉄道やバス、タクシー等との連携を図るための空間として整備する。」との案が出された（「」内は、上記基本計画の文章を引用）。しかし、長崎市長崎駅周辺整備室によれば「路面電車の長崎駅への乗り入れにつきましては、これまで軌道事業者と協議を進めてまいりましたが、軌道事業者からは、利用者の減少傾向が続く中、既存系統の維持が最重要課題であり、経営上の判断から駅部への乗入れは困難との見解が示され、断念したところであります。」[1]とのことである。

長崎市に限った話ではないが、路面電車のような公共交通は、鉄道、バスも含めてその多くが民間企業によって運営、経営されている。同じ交通施設でも一般道路のように行政が管理者ではないため、行政が立案する計画・構想などに、早い段階から十分にそれら交通事業者の意見や意思が反映されているとは限らない。また計画実施に際して必要となる軌道や電停施設等の整備予算も、行政からの補助はあったとしても、ほとんどの場合交通事業者も負担しなければならないことが多い。

長い目で見れば交通事業者にとって有利な話であっても、工事期間中短期間でも運行に支障が生じることや、多くの軌道事業者の経営状態は厳しく、全体の一部ではあっても資金負担することが困難であることなどから、断念せざるをえない状況があるのではないかと推察される。このように、誰もが問題を認識し、その解決方法が明確であるにもかかわらず、仕組みや制度が不十分なために実現に至らないことは多々ある。都市交通政策全般にきちんと公共交通整備を位置づけ、その裏付けとなる財源制度が十分に機能しないと、長崎市駅周辺整備計画のような問題は長崎市に限らず今後も続く可能性がある。

《参考文献》

1　長崎市ＨＰ、「長崎市へのご意見・ご提案等の紹介」「【長崎市の観光政策、再開発について】への回答」（長崎駅周辺整備室）２０１５年2月20日

歩道橋を使わないとアクセスできないJR長崎駅前電停

を策定した。そして、2016年1月に宇都宮市、芳賀町、宇都宮ライトレール株式会社の三者で「軌道運送高度化実施計画」の申請を行い、同年9月に認定を受けた。このことにより、2016年度から2020年度の5年間にわたる社会資本整備総合交付金の対象計画「宇都宮都市圏における拠点間ネットワークの連携強化と都市基盤の機能・質を高めるまちづくり」においてLRT整備に関連する道路改築、都市交通システム整備、都市交通施設整備などの諸事業が位置づけられた。こうして、約458億円と見込まれているLRT整備費のうち半額の約229億円を国が支援し、残りを地元自治体が負担すればよい枠組みで整備することができるようになった。

現在、宇都宮市では市民に対するLRT事業の情報発信に力を入れており、沿線のショッピングモールに情報発信拠点を設置してPR活動を行っているほか、ホームページ上でも市の公共交通整備の考え方や日々の工事情報などを掲載して市民への周知を図っている。

《参考文献》

1 宇都宮市LRT整備室協働広報室、「MOVE NEXT UTSUNOMIYA」HP

2004年の市長・県知事選、そして2014年の地元交通事業者の態度変化が大きな転換点となった

年月	主な出来事
1993年（平成5年）	「新交通システム研究会」の設置（宇都宮市街地開発組合）
1995年（平成7年）	「宇都宮都市圏交通マスタープラン」の策定
2001～2002年（平成13～14年）	「新交通システム導入基本計画策定調査」の実施
2004年（平成16年）11月9日	市民団体「雷都レールとちぎ」の設立
2004年（平成16年）11月28日	**宇都宮市長に佐藤栄一氏が就任**
2004年（平成16年）12月9日	**栃木県知事に宇都宮市長であった福田富一氏が就任**
2007～2008年（平成19～20年）	「事業・運営手法」と「施設計画」に関する調査の実施
2009年（平成21年）	「宇都宮市都市交通戦略」の策定
2010年（平成22年）	「まちづくり」と「公共交通」に関する市民説明の開始
2012年（平成24年）	「東西基幹公共交通の実現に向けた基本方針」の策定
2013年（平成25年）	「芳賀・宇都宮基幹公共交通検討委員会」の設置
2014年（平成26年）	**栃木県下最大の交通事業者である関東自動車が「LRTの営業主体を担う責務」があると表明**
2015年（平成27年）11月	「芳賀・宇都宮東部地域公共交通網形成計画」の策定
2015年（平成27年）11月	宇都宮ライトレール株式会社設立
2016年（平成28年）9月	「軌道運送高度化実施計画」の認定
2018年（平成30年）2月	社会資本総合整備計画「宇都宮都市圏における拠点間ネットワークの連携強化と都市基盤の機能・質を高めるまちづくり」（第3回変更）にLRT整備事業を反映
2018年（平成30年）5月28日	LRT工事着工

沿線市民への情報発信拠点の様子

コラム

工事が始まった宇都宮ライトレール

2018 年 5 月 28 日に栃木県の宇都宮市と芳賀町の 14.6 km 区間を結ぶ LRT「宇都宮ライトレール」の着工が始まった。整備費約 458 億円をかけて 2022 年 3 月の開業を目指している[1]。

宇都宮駅東口に設置された LRT の広報看板

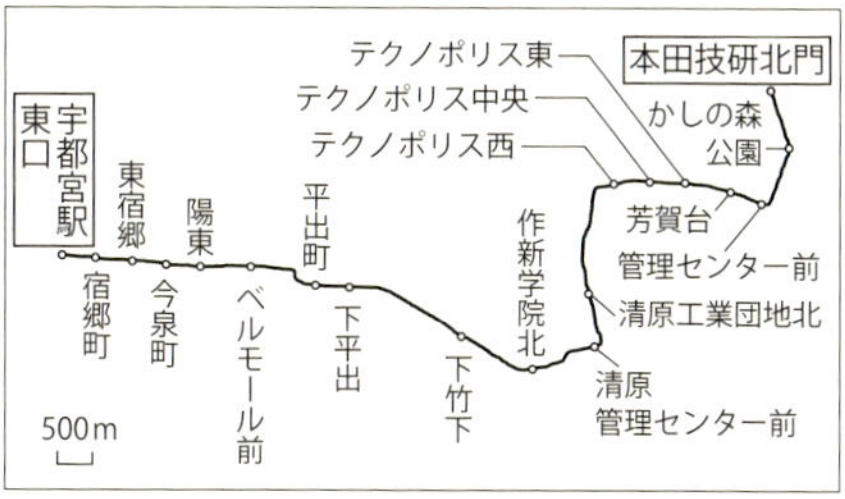

宇都宮駅から芳賀町までの 14.6 km を結ぶ

LRT 構想の出発点は 1993 年に設置された「新交通システム研究会」であった。その後、新交通システムとして LRT が提言され、政治的な転換点として、2004 年に現職の宇都宮市長の佐藤栄一氏が就任したことと、それまで宇都宮市長として LRT の検討を進めてきた福田富一氏が栃木県知事に就任したことで、県と市が一体となって LRT 事業を推進する体制が整った。

その後、2009 年の「宇都宮市都市交通戦略」の策定、2012 年の「東西基幹公共交通の実現に向けた基本方針」の策定が進められていたが、地元バス事業者の関東自動車が LRT 導入の協議に応じないことが大きな問題となっていた。2014 年になって関東自動車の態度に変化があり、「LRT の営業主体を担う責務」があると表明して以降、関東自動車が主体の宇都宮ライトレール株式会社が 2015 年に設立され、LRT の導入が実現に向けて大きく動くこととなった。

そしてここからは、地元自治体の宇都宮市と芳賀町は国の制度を活用しながら LRT 整備を実行に移すことになる。まず 2015 年 8 月、LRT プロジェクト推進協議会として位置づけられる「芳賀町・宇都宮東部地域公共交通活性化協議会」を立ち上げ、LRT 事業の法定計画となる「芳賀・宇都宮東部地域公共交通網形成計画」

一種であるシラスを原材料として使用した保水性の高い緑化用ブロック（シラス緑化基盤）を用いるなどして、四季を通じて緑化の状態が保たれる工夫を施している[2]。景観上の効果のみならず、騒音の低減、ヒートアイランド対策としての効果をもたらしている。

広島・信用乗車方式の導入

広島電鉄では2018年5月より、新型車両（グリーンムーバーLEX）での「全扉降車」、いわゆる信用乗車方式の導入を開始した[3]。ICカードの乗車券の利用であれば、乗務員のいない扉からでも降車することができるようになった。従来は、入口専用扉から乗車した際にICカードをタッチし、乗務員がいる降車専用の扉から降車する際に運賃精算機にICカードをタッチする必要があった。また、広島電鉄ではこれまではICカードは広島地区のPASPYとJR西日本のICOCAしか使うことができなかったが、2018年3月から全国の交通系ICカードの利用が可能にもなっており、域外からの来訪者も信用乗車方式による乗降ができるようになった。

信用乗車方式による出入り口の案内

《参考文献》

1 岡山市・総社市・JR西日本、「第2回吉備線LRT化基本計画検討会議資料」2014年12月

2 前村格治・引地瑞穂、「鹿児島市電軌道敷緑化事業の概要」『九州技報』第45号、2009年7月

3 広島電鉄HP、「グリーンムーバーLEX（1000形）限定 ICカード全扉降車サービスの開始について」

コラム

日本の路面電車の整備動向

第２章では日本各地の路面電車の状況を取り上げたが、ここでは本章で取り上げられなかった路面電車関連の施策の動向をトピック的に紹介する。

岡山・吉備線のLRT化

JR吉備線（岡山－総社間、20.4 km）のLRT化について、JR西日本と沿線自治体の岡山市と総社市の三者で協議が進められていたところ、2018年４月に合意がなされ、10年程度後の運行開始を目指すことになった[1]。事業費は約240億円を見込んでおり、電化設備と車両基地の整備と、低床車両12編成の導入を行う。このことにより現在は１時間に１～２本程度の運行であるのを、１時間に３～６本程度の運行をして利便性の向上を図る計画となっている。JR線のLRTへの転換は2006年の富山ライトレールに次ぐ２例目の事例となる。

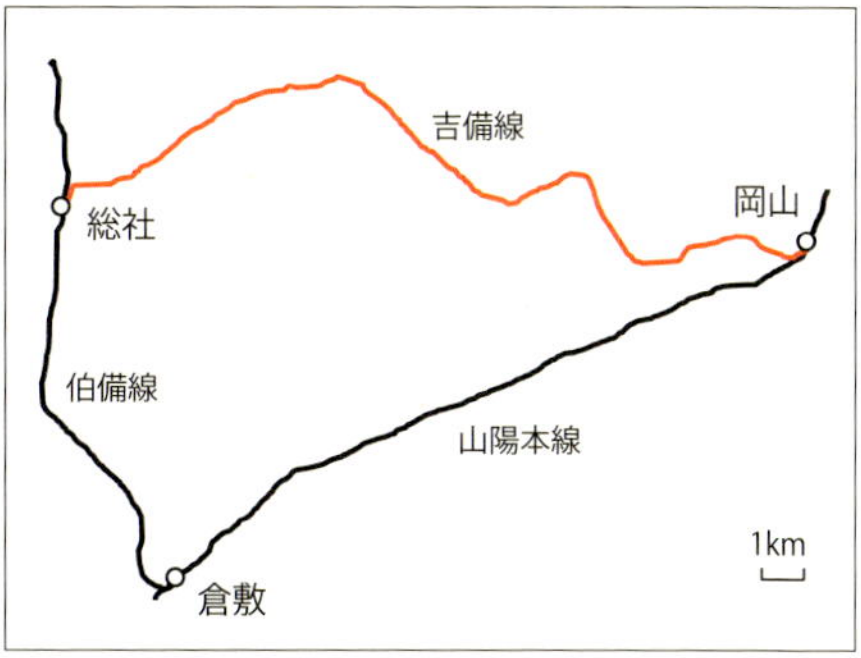

岡山－総社間20.4 kmがLRT化されることになった

鹿児島・軌道緑化整備

鹿児島市交通局の路面電車は総延長13.1 kmの路線網を有しているが、このうち併用軌道区間の8.9 kmの軌道緑化事業を2004年から実施し、2012年度に全区間の事業を完了している。軌道緑化の基盤材として火山噴出物の

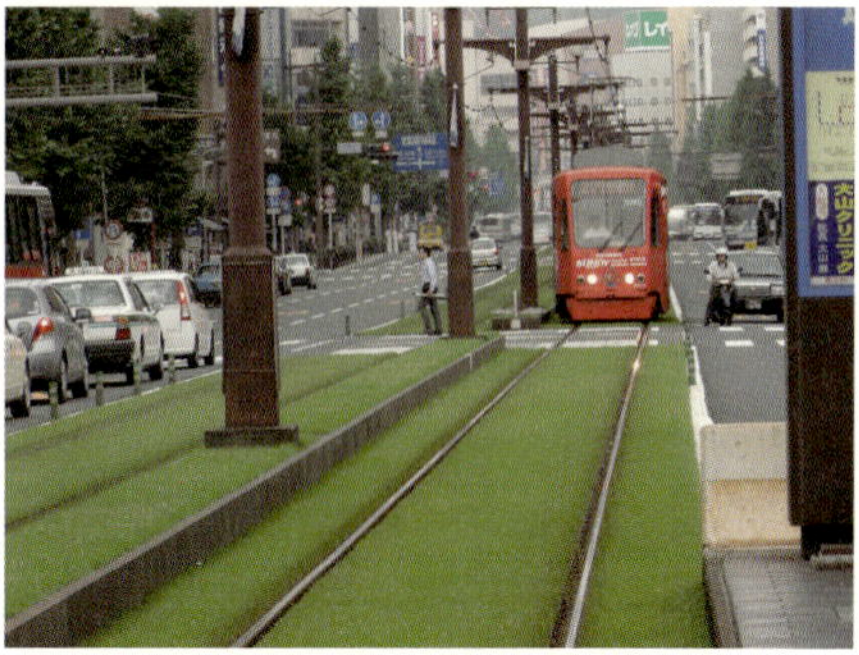
軌道緑化により沿道の景観と環境の向上が図られている

第3章
LRTがもたらすまちの変化

LRT は都市交通問題解決に大きな役割を果たすと同時に、まちの環境改善、都市景観やまちの風景を変え、人々の歩行環境・生活環境を安全・安心なものにし、さらに経済面でも都心の再生や活性化、都市の成長など広範な分野に変化をもたらす。

本章では、どんな分野にどのような変化をもたらすかについて述べる。世界各地で撮影した豊富な事例写真を示すので、そのイメージがつかめるだろう。また、LRT はまちと交通に関わる人々の意識の変革をもたらすツールともなり得る。LRT が持つ豊かな役割を知って欲しい。

3-1　魅力的なまちにするためのＬＲＴの役割

（1）ＬＲＴという言葉に見える都市交通政策の違い

本書では路面電車のことを、第1章では「トラム」、第2章では「路面電車」と読んでいるが、形態・機能から両者は同一のものである。すなわち、併用軌道と呼ばれる道路上に敷設された線路上を走行するものがトラムであり、路面電車である。使い分けているのはあくまで慣例的なものである。つまり、ヨーロッパのものは、旅行ガイド等でトラムと呼ばれていることがよくあり、なんとなくエキゾチックな香りがするので、本書でもそうしている。一方、日本では新型の低床電車にポートラムや堺トラムのように使うことはあっても、路面電車すべてをトラムと呼ぶ習慣はあまりないので、本書でも日本のものは路面電車と呼ぶことにしている。

一方、ＬＲＴはトラム、路面電車とは異なる概念である。ＬＲＴとはLight Rail Transitの略語であるが、日本語に訳せば軽量軌道交通とでもなろうか。元々この言葉は、都市間をつなぐ鉄道をHeavy Railと呼ぶのに対比して出てきた言葉であり、必ずしも路面電車を意味しているわけではない。

例えばスペイン、マドリードの路面電車型の車両を用いた新しい軌道系の交通システムは、Metro LigeroすなわちLight Metroと呼ばれHeavy Railに対比されるＬＲＴの一種である。しかし、外見は路面電車のようであっても、すべて道路外に敷設された専用軌道を走行し、併用軌道区間はないので路面電車ではない。

このように、ヨーロッパではＬＲＴは必ずしも路面電車を意味しないが、日本では国土交通省の資料1にあるように、「ＬＲＴ（次世代型路面電車システム）」と表

マドリードのMetro Ligero

示され、バリアフリーの低床式車両の導入、軌道・電停の改良等により旧来の路面電車をグレードアップしたシステムを指すとみなされている。そういう点で、ＬＲＴ＝次世代型路面電車システムという表現は日本独特のものである。

ヨーロッパでは、古くからあるものも新設されたものもすべて「トラム」であるのに対し、日本では旧来のものを「路面電車」、富山ライトレールのように新設されたものや、現在、計画・構想中のものを「ライトレール」や「ＬＲＴ」と呼んであえて区別している。この点に、日本とヨーロッパの都市交通政策の違いが現れているといえよう。ヨーロッパの多くの国や都市では、本書の第1章で見たように、トラムは都市交通システム全体の中に位置づけられた交通機関であり、それは旧来からあるものであれ、新設されたものであれ同じ扱いだから呼称も変える必要はなかった。ところが日本では、従来、路面電車は、民間事業者や独立採算性の市の交通局が運営するものであり、マイカー、鉄道、バス等の都市交通を構成する全体の中で、都市交通政策として位置づけられてはこなかった。そのため、需要供給のコントロールや運営補助、あるいは施設整備等がなされてきたわけではない。それ故、「次世代型路面電車システム」として都市交通体系全体の中に路面電車を位置づけたいという思いから、あえて「ＬＲＴ」という用語を用いて旧来の「路面電車」と区別しているのだと考えられる。また、筆者らもそのような考え方で本書でも「ＬＲＴ」というタームを用いている。

以上のことから、本書では、ＬＲＴとは単なる交通手段の一つを示すのではなく、都市交通全体の中に位置づけられ、さらにはまちづくりのための基盤の一つであるという意味を込めてそう呼ぶこととする。また、フランスやスペイン等のトラムを本書で取り上げているが、その大部分が新設のものである。これらは、現地ではトラムであってＬＲＴと呼ばれることはないが、これからの日本のモデルになりうるので、誤解のない範囲でヨーロッパの新設トラムもＬＲＴと呼ぶことにする。なお、日本の各地で低床式のモダンな路面電車車両（LRV、Light Rail Vehicle）が導入されているが、それのみではＬＲＴとは呼ばないのが本書の立場である。

（2）「歩く」ことの復権と都市交通整備の方向性

よく「交通は派生的である」と言われる。これは、交通行動が自己目的化することは極めて少なく、仕事のために電車で通勤する、買い物のために車で出かける、人と会うためにバスで待ち合わせ場所まで行くなど、ほかのなんらかの目的に付随して交通行動が発生するからである。そうした点で、ほとんどの場合、交通行動そのものは本質的なものではないため、一般に交通は可能な限り最小、最短、最安で終わらせたくなるものである。そのような人々の願望が、瞬間移動（テレポーテーション）やドラえもんの「どこでもドア」という夢を生み出す。ドアを開けるとそこが目的地というのは現在の技術ではかなわないことであるが、さまざまな交通機関の中で、マイカーという交通手段がどこでもドアにもっとも近いかもしれない。ほかの交通手段はすべて自宅から移動して、駅、停留所、港、空港などに行って乗らねばならないが、マイカーだけは自宅から目的地までドアツードアで、常に快適な車内に座って出かけることができる。

このように極めて便利な自動車という交通手段であるが、やっかいなのは車で家を出ると帰宅するまでその車の面倒を見てやらねばならないという点である。どこかに立ち寄るときは駐車場を探さねばならないし、疲れようが眠かろうが我慢して家まで連れて帰ってやらなければならない。マイカーを途中で放棄する自由はないのである。それに対して、歩いて外出することは極めて気楽である。交通事故を起こさない、騒音や排ガスなど出さなくて環境にやさしい、自分の足で歩くという健康面からも優れている。しかも、人がたくさん歩いているとまちはにぎわう。交通安全、都市環境、健康、まちのにぎわいなどの観点から、これからの都市の交通体系整備の理念として、もっと歩くことが重要視される「歩くまちづくり」が必要と考えられる。

かつて道は歩く人のものであった。それが、60年くらい前からわが物顔に走る自動車が道の大部分を占めるようになってしまった。そういう意味では、「歩くまちづくり」は、道を人の側に少しでも近づけようとする「歩くことの復権」でもある。歩ける街、歩きたくなる街、歩くことが最もメリットの大きいまちとなるよう都市と都市交通体系の整備が重要となる。人々がもっと歩けるまちをつくることで、「都市環境・地域環境の保全」「都心再生」「安全・安心のまちづくり」などが進むものと思われる。

こうしたことから、今後の都市交通整備の基本方向は以下の3点であろう。

① 歩行者優先
② 公共交通の強化と優先
③ マイカーの利用規制・抑制、需要転換策の充実

「歩行者優先」とは、人々が安心・安全・快適に歩けるよう、歩くことを中心に据えた都市交通政策を求めることである。

施設の面からは歩行空間整備が重要となる。

ただし、歩行という交通手段にはさまざまな限界がある。たとえば、あまりに長距離は歩けない、なるべく早く着きたい、気候・気温・重い荷物などによりあまり歩きたくない、身障者、高齢者、小さな子どもたちは、距離や段差によって長距離歩行は困難であるなどである。こうした場合、歩行をサポート・補完するための「公共交通の強化と優先」が必要となる。バス、路面電車、地下鉄などの公共交通機関を可能な限り便利に、快適に、また経済的に利用できるようにすることが重要である。

また、歩行者優先、公共交通の強化・優先を実現するために、これ以上拡大が困難な都市内交通空間確保のために、「マイカーの利用規制・抑制」政策が必要である。さらに、いったん乗ってしまうと歩行モードに切り替えることの困難な自動車のために、容易に乗り捨てられるような乗り換え駐車場などの設置、あるいは公共交通の経済性・利便性の向上など、対マイカーへの各種比較優位性の向上など、各種のマイカーからの「需要転換策の充実」も必要となろう。

（３）都市交通施設としてのＬＲＴの特徴

前項で述べた３つの都市交通整備の方向性にとって、条件のあるまちではＬＲＴが重要な基盤整備となる。その理由を交通施設としてのＬＲＴが持つ機能に立ち返って考えてみる。

一般に交通施設はトラフィック機能、アクセス機能、空間機能、沿線開発機能を有している。トラフィック機能とは、複数の地点間をつなぐ機能であり、交通施設の本来的な役割である。アクセス機能とは、その交通施設沿線の地域や施設に立ち寄ることができる機能である。空間機能とは、その交通施設が存在することによって周辺地域にもたらされる空間的な影響、効果のことである。沿線開発機能とは、交通施設整備の波及的な効果として、沿線に施設を誘導したり都市活動を引き起こしたりすることである。

ＬＲＴの是非や計画内容を論じる場合、どことどこを、どれぐらいの距離・時間・運賃でつな

LRTの機能とその特徴（例示）

LRTの機能	特　徴（例）
トラフィック機能	中量輸送、乗りやすさ、バリアフリー
アクセス機能	歩行補助、沿道施設アクセス、歩行空間の改善
空間機能	環境（緑化、ヒートアイランド）改善、都市景観
沿線開発機能	沿線開発、資本呼び込み、中心市街地活性化

ぐのか、どこを通って何人運べるのかなどのトラフィック機能に関する議論が多い。しかし、ＬＲＴは多面的に地域に影響をもたらす。たとえば、ＬＲＴに乗って沿線のどんな施設にどうアクセスできるのか、ＬＲＴ敷設によって空間的にまちはどのような影響を受けるのか、どういうプロセスでＬＲＴ沿線のまちはにぎわうのかなど、アクセス機能、空間機能、沿線開発機能の面からもＬＲＴの役割を考えなければ正しい評価はできない。表は、ＬＲＴの交通施設としての機能ごとの特徴を例示したものである。自動車、鉄道、バスなどのほかの交通手段と比較しながらその特徴について見てみよう。

トラフィック機能

ＬＲＴは中量輸送機関である。鉄道のように高速、大量に人を運ぶことはできないが、バス、さらにはマイカーに比べると一度に多くの人を運ぶことができ、都市内交通として効率性の高い交通手段である。ヨーロッパの多くの都市で、バスによる都市内輸送が限界を超えたためにＬＲＴを新設している。

乗りやすさについては、行きたいところにルートが伸びている、それなりの所要時間で到着できるなどのどの交通手段でも大事なこと以外に、ＬＲＴではほかの交通手段との連携面から鉄道やバス、他路線のＬＲＴとの乗り換え利便性、乗り継ぎ運賃の安さなどが重要である。また、線路の存在は行き先がわかりやすいという点で、外来者にとってはバスよりも乗りやすい交通手段である。

バリアフリーという面でもＬＲＴは進んでいる。特に超低床式のＬＲＴ車両は、ホームとの間がフラットであり、鉄道やバスに比べて段差が極めて少ない。また、乗車中もバスよりも揺れが少なく、バリアフリー性に優れている。

鉄道、ＬＲＴ、バスの乗り換えが簡単（スペイン・バレンシア）

アクセス機能

ＬＲＴは沿道施設にアクセスしやすい。また、歩道からすぐに乗車できるのもその特徴である。鉄道や地下鉄は、道路とは異なる空間を走行するので、まちの風景を見るには不適切である。まちの家や店は道路に面して建っているので、道路を走行するバスやＬＲＴといった路面公共交通はまちの姿を正面から見ることになる。

乗りたいときにすぐに乗れる車両が歩道の横を走り、逆に車両から沿線施設に気軽に立ち寄れるのは、停留所間の距離が短く道路上を走行するバスや路面電車の優れたアクセス機能を示すものである。特に、バスよりもＬＲＴのほうが乗車環境は良好で気分的に余裕度が大きく、また超低床の車両は着座姿勢での目線の高さが歩道を歩く人のそれとほぼ同じであるため、乗車したままゆったりした気分でまち歩きの擬似的な体験を得やすい。

空間機能

ＬＲＴは乗車しなくても、車両、軌道、架線、停留所などが町中に存在することで周辺地域は大きな影響を受ける。これをＬＲＴの空間機能と呼ぶ。

まず、まちの風景への効果である。モダンな車両が走行することで、まちや通りの雰囲気は一変する。バスにはそこまでのインパクトはないが、ＬＲＴ車両はまちのシンボルにもなりうる。ヨーロッパの新設ＬＲＴは、まちの景観とマッチするように、色、模様、形がデザインされているものが多い。車両以外にも、停留所のデザインに工夫を凝らすことで、各種のモニュメントやストリートファニチャーと同様の効果がもたらされる。さらに、周辺建物と協調してまったく新たな都市景観が創出されることもある。

芝生軌道や植栽の施された架線柱は、都市の緑化を進め、また緑の効果として大

カフェの横を通過するＬＲＴ（フランス・ブザンソン）

車椅子での乗車（フランス・ル・マン）

気汚染やヒートアイランド現象の緩和にも役立っている。緑化された沿線は都市景観を良好なものにしたりする。

　ＬＲＴがもたらす都市の風景や景観への効果については、「3-2　ＬＲＴのデザインがもたらす歩行者空間の上質化」で詳しく述べる。

　また、線路は道路上に敷設されるが、それに伴い道路空間の再編がなされるのも空間機能面での一つのＬＲＴの効果である。

　ヨーロッパの多くの都市で、都心の商業地域でマイカー利用を規制し、道路空間を歩行者とＬＲＴのみが通過できるように道路空間を再編した形態がよく見られる。これによって、歩行空間の拡張、歩行者の安全性・利便性の向上を図り、ＬＲＴの高いアクセス機能と合わせて、安全・快適にまち歩きや買い物ができる空間を創出し、まちのにぎわいにつなげている例が多く見られる。このような空間をトランジットモールと呼んでいる。

トランジットモールの整備により、道路空間がどのように再編されるかについては、「3-3　歩行空間の改造」で詳述する。

沿線開発機能

　沿線開発機能面では、ＬＲＴを通して中心市街地部をトランジットモール化して商業の活性化をもたらし、また、郊外のＬＲＴ通過地域に、大学、病院、住宅団地、ショッピングセンター、業務施設などの立地を促進し、また立地のための投資機会

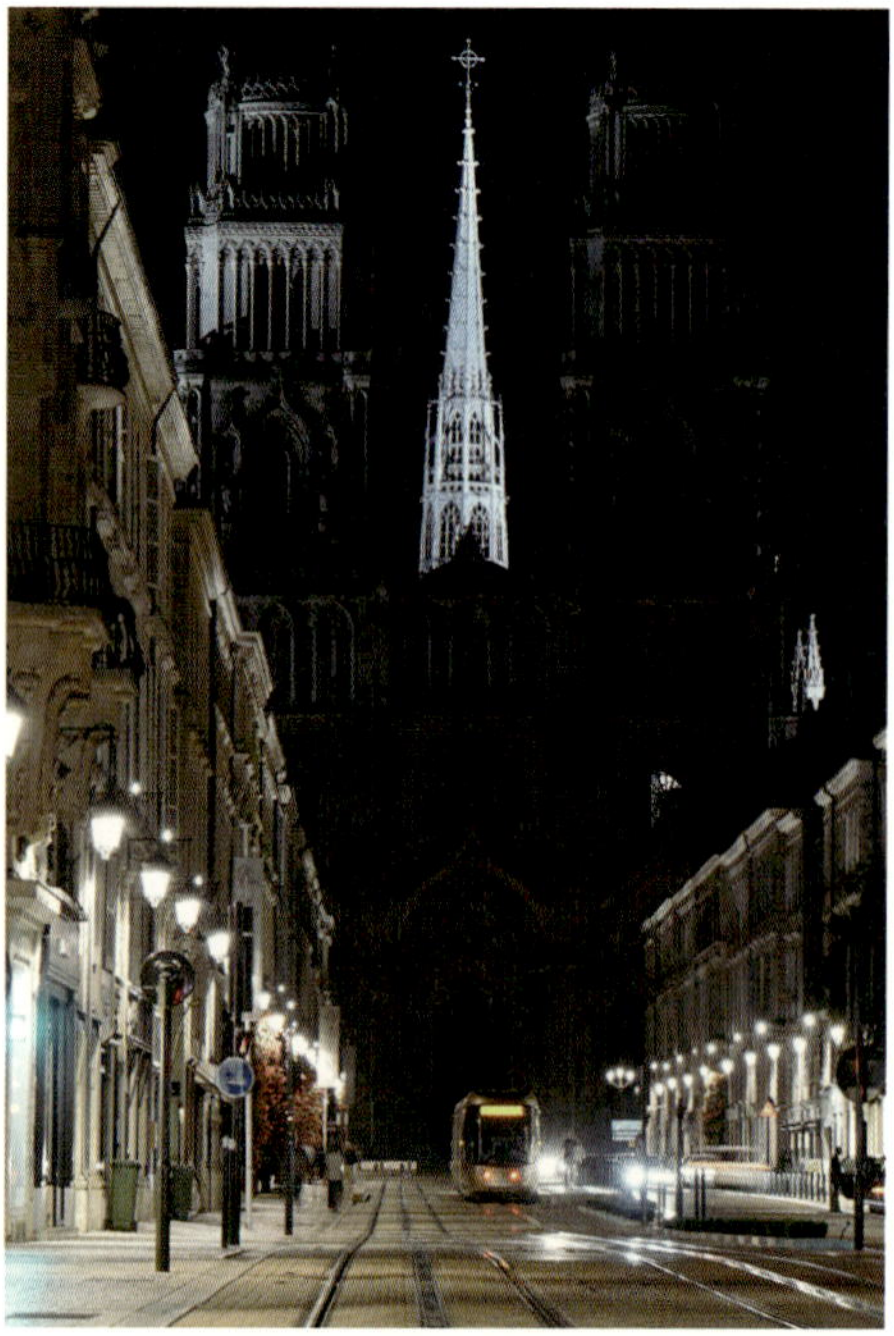

ＬＲＴとカテドラルの夜景（フランス・オルレアン）

芝生軌道、並木（スペイン・ビトリア）

を提供するなどの効果がある。
どのように沿線が開発され、まちがにぎわうのかについては、次項「まちづくりに果たすLRTの役割」でも述べる。

(4) まちづくりに果たすLRTの役割

LRT導入の整備効果は、都市交通問題の解決、都市環境・生活環境の改善、都市の活性化や都市成長への寄与、安全・安心のまちづくりとの連携などが挙げられる。

都市交通問題の解決

1960年代、世界の経済的先進国では自動車が爆発的に普及し、交通渋滞が激化した。多くの都市でそれまで都市内公共交通の中心であった路面電車が道路の邪魔者として撤去され、大都市では地下鉄、中小都市ではバスが都市の公共交通の中心となった。ところが、近年になって自動車がもたらす渋滞、交通事故、環境汚染などが大きな問題となり、またバスシステムだけでは都市内交通を賄いきれない都市が出てきた。そうした背景の中で、路面電車の良さが見直され、1990年代ごろからフランスやスペインを中心に新たにトラムが導入されるようになった。ヨーロッパの先進国の中でもドイツでは、多くの都市で路面電車が生き残ったが、フランスやスペインでは、一部の観光あるいは保存を主目的とした路面電車を除いて、大多数の都市で廃止されていたなかで、近年新たなトラムが次々と開通してきている。

LRTのトラフィック機能のところでも述べたが、LRTは中量輸送システムであり、バスよりも多くの人を一度に運ぶことができる。またバスと比較すると、軌

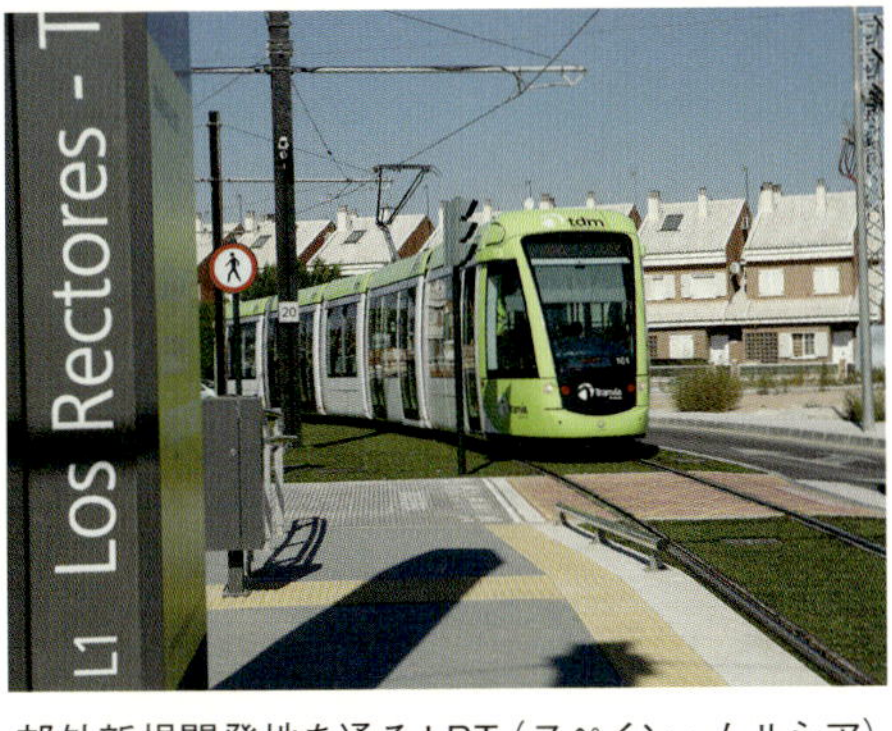

郊外新規開発地を通るLRT（スペイン・ムルシア）

LRTの新規開業でにぎわうまち（フランス・トゥール）

道走行のため定時性が高い。都市が成長し、都心の活性化が図られるなかで、都市内流動量に合わせた輸送ポテンシャルを持つ交通システムとしてのＬＲＴが多くの都市で活躍している。

都市環境・生活環境の改善

自動車は大変便利な乗り物ではあるが、交通事故や騒音、大気汚染など、都市全体の環境、生活環境、歩行環境への負の効果も大きい。自動車がもたらす各種問題についてはここでは詳しくは述べないが、これら問題解決のためにＬＲＴのような人と環境に優しい乗り物の導入は効果的である。

また、ＬＲＴがもたらす環境改善、修景機能の役割も大きい。ＬＲＴはデザイン的にも斬新なものが可能で、トランジットモールなど軌道空間と商業空間・娯楽空間との一体化、芝生軌道をグリーンベルトとして活用する環境空間整備など、道路空間の複合的利用も可能で、バスに比較すると都市景観、都市環境改善への寄与は大きい。また、軌道や電停は、まちのアイデンティティを表すシンボルとしての役割を果たす。

都市の活性化や都市成長への寄与

筆者らの調査によれば、日本の県庁所在地や人口30万人以上など全国の主要な約２００都市に対するアンケートでは、98％の都市で商店街の衰退や街のにぎわいの低下などの「中心市街地の空洞化問題がある」という回答が寄せられている。また、全国の多くの都市行政担当者が、中心市街地活性化の問題とモータリゼーションの進展の関係を指摘している[2]。クルマ中心のライフスタイルと商業施設の郊外化が連動し、その裏腹の関係としての中心市街地の空洞化が進んでいる。

そこで、マイカーではなくＬＲＴが有している以下のような交通手段としての特性、あるいは歩くことへの親和性の高さから、ＬＲＴ導入は都市の活性化や都市成長に寄与する可能性が高い。

・歩行交通への対応のしやすさ

都心ににぎわいを取り戻すためには、人が集まり街路に人が歩いている地域でなければならない。地域に沿った道路上を自動車にせよ、バス・路面電車にせよ、いくら大量の交通が通過しようとも、これらの交通手段から下車して歩いてくれる人がいなければ、沿線地域がにぎわうことはない。前に述べたように、マイカーは降りてまち歩きしにくい交通手段である。そうした点で、歩行交通が中心となる都心地域ではアクセス性に優れた交通システムが必要である。大きな上下移動を強いられる地下鉄や、道路から離れた線路を走行せざるをえない鉄道に比較して、ＬＲＴやバスはアクセス機能が高く歩行交通を補助・補完する交通システムとして適切である。

・都心トリップ特性に対応した輸送特性

都心交通の特徴として、短距離かつ高頻度のトリップが大多数であり、また狭い範囲での回遊性を有したトリップも多い。そのようなトリップに対して交通システムとして便利で快適なものが望ましい。また、大きな抵抗なく短距離・高頻度に繰り返し利用できる安い運賃、運賃制度（回数券、周回券、料金体系など）であることが必要である。ＬＲＴは、バスと並んでこのようなトリップ特性に対応しやすい。

・人にやさしい

沿線居住者にも来街者にも、安全でわかりやすくバリアフリーの乗り物であることが肝要である。特に来訪者にとって、線路があること、停留所が目立つこと、定時性が高く時刻表の信頼性が高いことなどは利用時の安心感につながる。また、バスよりもＬＲＴのほうが、床面のフラットさや車いすでの乗降のしやすさなどバリアフリー性は高い。マイカーやバスに比較して、ＬＲＴや路面電車は高齢者や身障者がまちに出かけやすくなる条件を整える。

・低い整備・維持費用

以上、利用者や沿道市民の立場からのＬＲＴに期待される役割を整理したが、沿線地域全体、地元行政や事業者にとってもさまざまな効果が期待される。まず、都市内公共交通として整備やシステム運用・維持に関わる費用が相対的に低いことが望ましい。もっとも安価なシステムはバスシステムであるが、ＬＲＴも地下鉄などいわゆる Heavy Rail に比較すれば、単位長さあたりの事業費は数分の一程度である。また、このことは利用者にとっても安い運賃という形で反映される。

・商業活性化に寄与

交通整備により来街者やまち歩きをする人が増加しまちがにぎわうようになれば、必然的に地域商業へのインパクトは大きい。特にＬＲＴは、前述したようにトランジットモールなどを通じて沿線商業空間の活性化を促し、ＬＲＴ車両がもたらすデザイン・乗り物としての目新しさは、観光・商業面から地域開発効果をもたらす。

・投資機会を提供

ＬＲＴ整備事業そのものがもたらす効果も期待される。従来の交通事業が行き詰まるなか、都心地域における新たな交通事業展開の場として、またＬＲＴに関連して整備される各種空間整備などさまざまな投資機会の提供が、事業効果の一つして挙げられる。さらに、単なる一交通手段の整備にとどまらず、まちづくりと関連させてＬＲＴを整備していくならば、計画・建設・運営に関わる行政、事業者、利用者、地域住民などの各主体の協働のための動きや仕組みが作られ、今後のまちづくりのための組織・制度につながるなどの効果が期待できる。バス停ができてもなかなか投資は期待できないが、ＬＲＴ停留所や線路の敷設は、投資呼び込みの条件を強化するであろう。

さらに、ポテンシャルがあるならば郊外の沿線地域でも、病院、学校、大規模商業施設、事業所等を誘致し、地域活性化を図ると同時に、沿線乗客需要増を図ってＬＲＴの経営安定に資する可能性もある。

安全・安心のまちづくりとの連携

ＬＲＴにより自動車交通量が低下し、あるいは通行規制が行われれば、歩行者の安全性は向上する。また、ＬＲＴが通過し、人通りが増えるならば、その地域の安全や安心は、単に自動車が多数走っているだけの通りよりも高まる。

《参考文献》

1 国土交通省、「ＬＲＴ（次世代型路面電車システム）の導入支援」、http://www.mlit.go.jp/road/sisaku/LRT/LRT_index. html

2 ＬＲＴによる都市づくりに関する調査研究委員会、「ＬＲＴによる都市づくり講習会資料」土木学会関西支部、２００２年

3-2　LRTのデザインがもたらす歩行者空間の上質化

(1) LRTのゴールって？

ＬＲＴは、街にどのような変化が引き起こすのだろう？

新しくＬＲＴが導入・整備された都市を歩いてみると、人や環境に優しいＬＲＴそのものの整備に合わせてＬＲＴ軌道沿線の歩行者空間の充実が図られ、人々が気持ちよく歩き、回遊し、憩うことのできるように都市空間がデザインされていることに目を引かれる。ＬＲＴプロジェクトは交通という機能的役割だけではなく、それまで車で占有されていた街路空間を人々の空間として取り戻すときに、ＬＲＴ車体や軌道、沿線空間の多様なデザインによって、魅力的で質の高い歩きたいと思わせる歩行者空間、緑あふれる心地よい都市空間を編み出している。歩行者が主人公である都市空間が整えられ、新しい都市イメージを創り出し、まち全体の魅力構築に大きく関わっているのである。

このような都市の変容を目の当たりにしていくと、ＬＲＴプロジェクトのゴールは、「歩きたくなる街、住みたくなる街をつくること」と言える。

では、歩きたくなる街には何が必要なのだろうか。ＬＲＴが環境に配慮された、ベビーカーや車椅子も含めた多様な歩行者の容易な乗り降りを可能にした、魅力的な公共交通であることに留まらず、そこからさらにもう一歩踏み出し、周囲の歩行者空間・都市空間と積極的に関わりながら歩行に周遊性をもたらすことで、都市との一体化が気持ちよく感じられることではないだろうか。ゆっくり歩くところ、くつろぐところ、楽しむところ、楽に移動したいところ、これらが都市空間と一体化されて体験できることは、そこに住みたい、行きたいと思わせる要因となる。そして、気持ちよい環境は眺めていても心地よい美しい風景となり、新しい都市のイメージを伝えるメッセンジャーともなっているのである。

ここでは、グレードアップされた空間を創り出すという視点からＬＲＴのデザインに関する話を進めていこう。この中から、都市空間の中でＬＲＴが果たす新たな役割やかたちが見出されてくるに違いない。

（2）新しい風景

まず初めに、ＬＲＴのある、気持ちよく楽しむことができる歩行者空間の様子を眺めてみよう。

そこには、歩くこと、休憩すること、眺めること、何かを楽しむことなどのための装置がさまざまなかたちで整えられている空間と考えられる。

映り込みが創る風景

世界遺産登録の街、ボルドーでは、歴史的建造物・広場と水鏡のある公園との間をトラムが通る。その正面にある停留所にはプラットホームとベンチといった高さの低い最低限のものだけが配置され、架線・架線柱もなく、世界遺産の街並みを邪魔しないようになっている。昼間は水鏡の中で水の動きを楽しむ人々が見られ、さらに夜になると、ライトアップされた歴史的建造物の街並みとトラムだけによる美しい夜景を創り出し、写真スポットにもなっている。

公園と一体化

ナントでは2015年9月に軌道を挟んで公爵城と反対側に新たな公園がオープンしている。公園の水鏡で戯れる人や散策する人に気軽な交通手段を提供するとともに、昼間にはこの水鏡の公爵城を映し出し、夜にはライトアップされた公爵城とＬＲＴとで新しい夜景を構築している。

遊歩空間とオープンカフェ

サラゴサ市内にある長い遊歩空間にはトラム停留所が数か所ある。この遊歩

侯爵城を背景に公園と一体化
（フランス・ナント）

水鏡に映る歴史的建造物を背景に走るＬＲＴ
（フランス・ボルドー）

道には、ベンチのみならず、遊具や噴水、そしてハイスツールが併設された洒落たキオスクがあり、その周囲にはパラソル付きのカフェチェアまで設置されている。人々は散策し、ドリンク片手にカフェチェアやベンチでくつろぎ、トラム乗降客でもにぎわう。

アーチが街をフレームする

ミュルーズでは、アーティストがデザインしたアーチ型の架線柱が一つの系統のすべての停留所の両端に配置されている。アーチを構成している赤、青、緑、黄など色彩とストライプの組み合わせは停留所ごとに異なっている。カラフルな色調をまちに取り込んで全く新しい風景を醸し出しているとともに、アーチによって一つの風景を切り取ってもいる。

人のシルエットが夜景に

サラゴサのＬＲＴ停留所の雨除けのシェルターは、乳白色の箱状の柱の上に屋根が載っているスタイルであるが、その乳白色の箱の部分が実は照明装置であり、夜になると光る。その光によって停留所周囲にいる人々のシルエットが夜景の中で浮かび上がり、夜景に人をも取り込んだ、昼間とは異なる独特の雰囲気を作っている。

カフェで眺めるＬＲＴ

カッセルでは街中心部にある大きな広場をＬＲＴが通り、そこに拠点的停留所が設けられている。多くの人が乗り換えなどで行き交う場所となるが、広場にはオープンカフェが多く設けられ、人々はそこでゆっくりとＬＲＴを眺めながら休憩してＬＲＴに乗っていく。

風景に出現するアーチ（フランス・ミュルーズ）

ゆったりくつろぐ遊歩道（スペイン・サラゴサ）

歴史的地区に新しいイメージ

セビリアの歴史的建造物の立ち並ぶエリアをＬＲＴが走る。比較的おとなしい車体外観を持つＬＲＴが架線のないシステムで走行し、まちの新旧を表現している。夜にはライトアップされた歴史的建築群の中に溶け込んで走り、昼とは異なる顔を見せている。

（３）周遊、歩く楽しさの要因

歩くことの楽しさには、目の前の景色を楽しみ、ショッピングや休憩といったさまざまなことが気軽にできることがある。私たちはいろいろと歩き回りたいけれども長く歩くと疲れてくる。楽しく歩いた後、気軽に乗れて次の場所まで移動でき、そこで降りてまた歩きはじめられると便利なうえに歩くのが楽しくなる。また、一定の歩行者優先エリアに複数の停留所があると、どこでも乗り降りできる安心感もあってさらによい。ＬＲＴを伴うまちの中で、実際にはどこにどのような歩行者空間が

LRT を背景にカフェでくつろぐ（ドイツ・カッセル）

シルエットによる夜景（スペイン・サラゴサ）

歴史的地区を架線無く走るＬＲＴ
（スペイン・セビリア）

夜のまちをを走る LRT（スペイン・セビリア）

広がり、ＬＲＴとどのような関わり方をしているのかを調べてみよう。

そこで、人が乗り降りする停留所と軌道の配置、歩行者優先・占有空間の広がりとの関係について、ダイアグラム化して分類してみることにする。ＬＲＴが整備されているさまざまな都市事例から、ＬＲＴ軌道が直線に伸びる直線タ

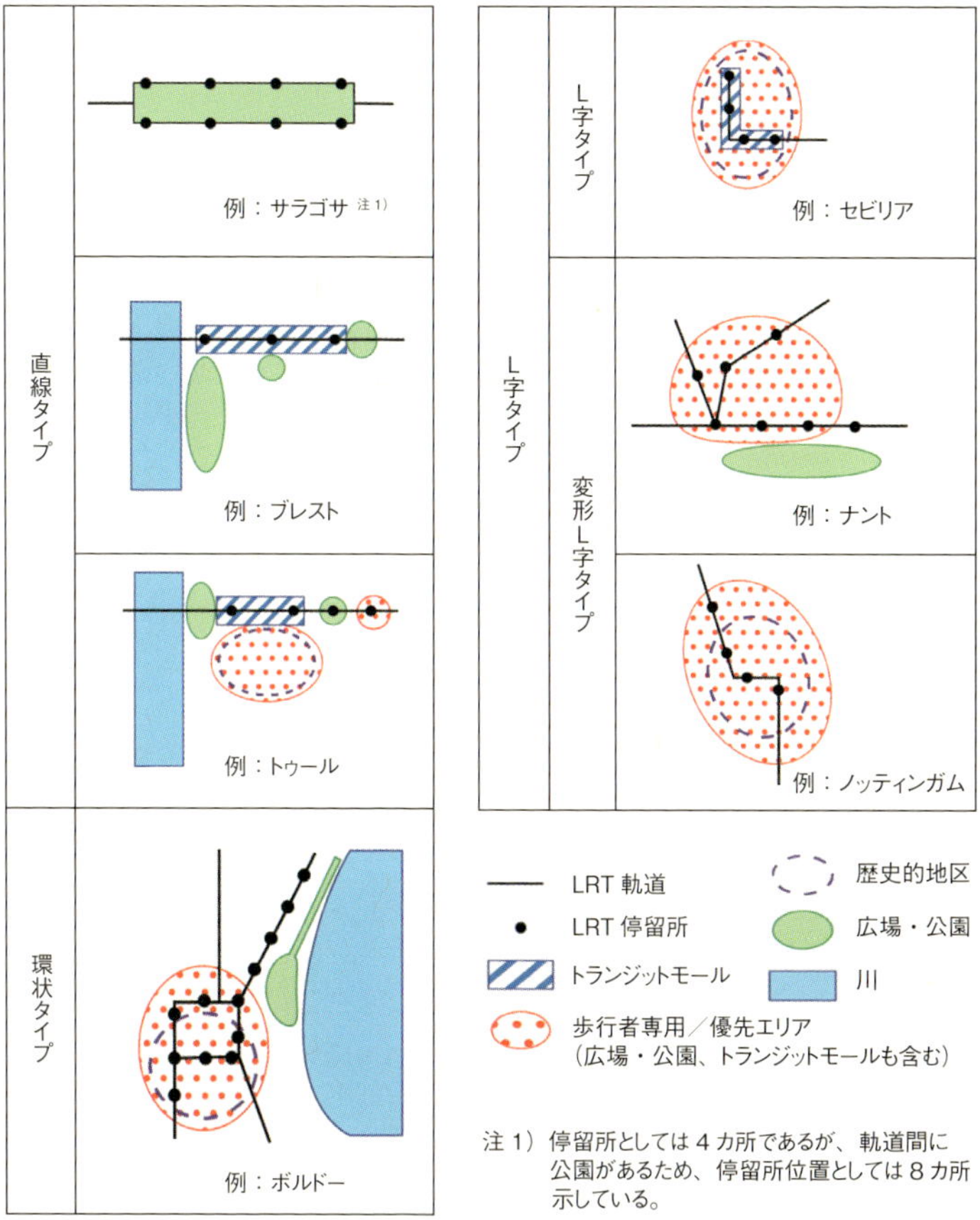

歩行者優先空間と軌道、停留所の関係

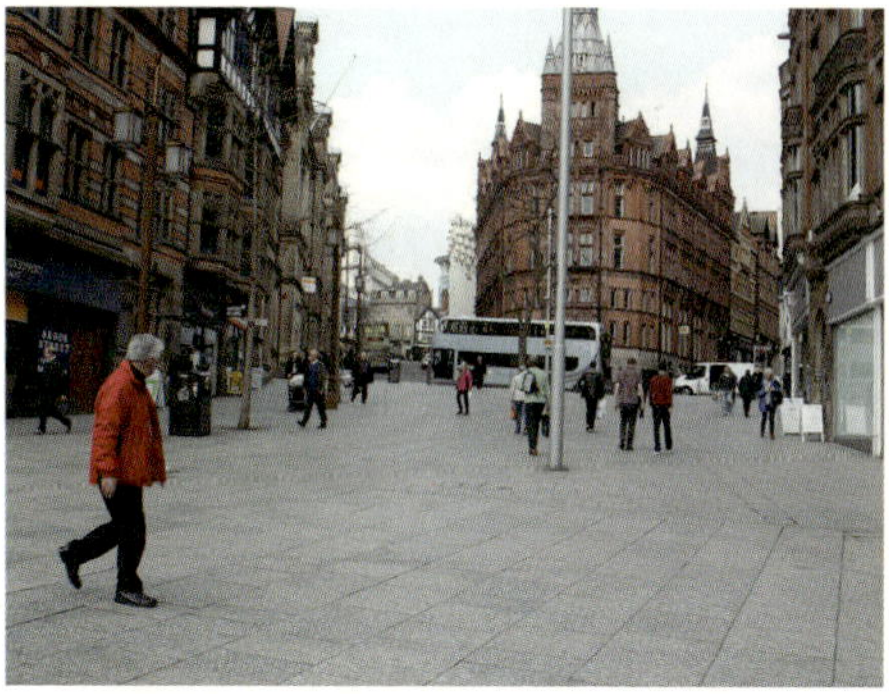

（写真手前の）軌道沿いに広がる歴史地区
（イングランド・ノッティンガム）

L 字型タイプ（スペイン・セビリア）

イプ、変形も含めたL字型タイプ、環状タイプの三つに大きく分けられる。直線タイプは、例えばトゥールのトランジットモールやサラゴサのように、軌道に沿ってライン状に伸びている場合である。L字タイプではノッティンガムやセビリアなどのように折れ曲がりがあるため、一方向だけではない歩行者空間の広がりが見られる。環状タイプは、文字どおり輪を形成している軌道に沿ってその内外に歩行者空間が広がり、面的により大きな広がりを持っている。

いずれの場合も複数の停留所が面的に広がっている歩行者専用・優先空間内に配置されていることがわかる。そして、L字タイプや環状タイプの場合には、直線タイプに比べて最寄り停留所への選択肢が広がってくることも見えてくる。また、歩行者優先空間との関わりは、路線に沿っているだけではなく、路線からさらに脇に向けて、例えばディジョンのように隣接する旧市街エリアとうまく関わって拡大されていく場合もある。

大事なことは、面的に歩行者空間が広がっていくことだと考えられる。周囲の広場や一つ脇の歩行者優先空間へと連なることによって、歩行者優先空間にさらに面的な広がりが生み出される。そしてそこに複数の停留所が配置されることによって歩行者優先空間と面的に一体化し、利便性の高い回遊性がもたらされていることがわかる。ただし、これらの歩行者専用・優先空間は24時間ずっと歩行者という訳ではなく、必要に応じて許可車両、公共交通との共存が図られている。

(4) LRTを成り立たせているもの(構成エレメント)

ここまでに述べてきたように、単なる交通施設ではなく、都市風景や歩行者空間そのものに関わるプロジェクトとしてLRTを眺めると、多岐にわたるエレメント

歴史的地区への入り口(フランス・ディジョン)

環状タイプ(フランス・ボルドー)

が含まれていることが見えてくる。ここでは、このエレメントについて考えてみよう。実際にＬＲＴに乗ってみることを想像して思い起こしていくと、さまざまなエレメントが浮かんでこよう。

これらのエレメントは、ＬＲＴの運行に直接関わってくる交通施設そのものとＬＲＴ沿線の都市公共空間に関わるものの二つに大きく分けることができる。ここでは各々を「交通施設系」「都市空間（沿線空間）系」と呼ぶことにする。表にあるように、交通施設系には車両や停留所、架線・架線柱、軌道・軌道敷、駐輪場、パークアンドライド（以下Ｐ＆Ｒと略称）施設、バス停留所、路面標示があり、都市空間系としては沿線の歩道や遊歩道、交差点、トランジットモール、公園・広場が含まれる。さらに各々のエレメント細かく分解していくと、例えば停留所には、雨や風を除けるためのシェルター、券売機等が一体化されたサービスユニット、ベンチ、照明ポール、駐輪場、ゴミ箱などがあり、さらに、停留所シェルターは、シェルター本体とそこに一体化されているベンチ、案内表示、照明装置、発券機、充電装置などへと細分化することができる。

そして沿線空間には環境彫刻などのオブジェが配置されることもある。

都市風景の中に見えてくるこれらのエレメントは都市風景の一端を担っている。各エレメントがどのようにデザインされ、全体として構成されていくのか、すなわち、その形状や大きさ、ボリューム、素材、配置などによってエレメントの見え方は変わり、それによって都市風景も変わっていくのである。一概に軌道といっても芝生の敷かれた軌道と石畳のような仕上げの軌道とでは人に与える印象は大きく異なり、このようなことが空間の質にも影響を及ぼすのである。

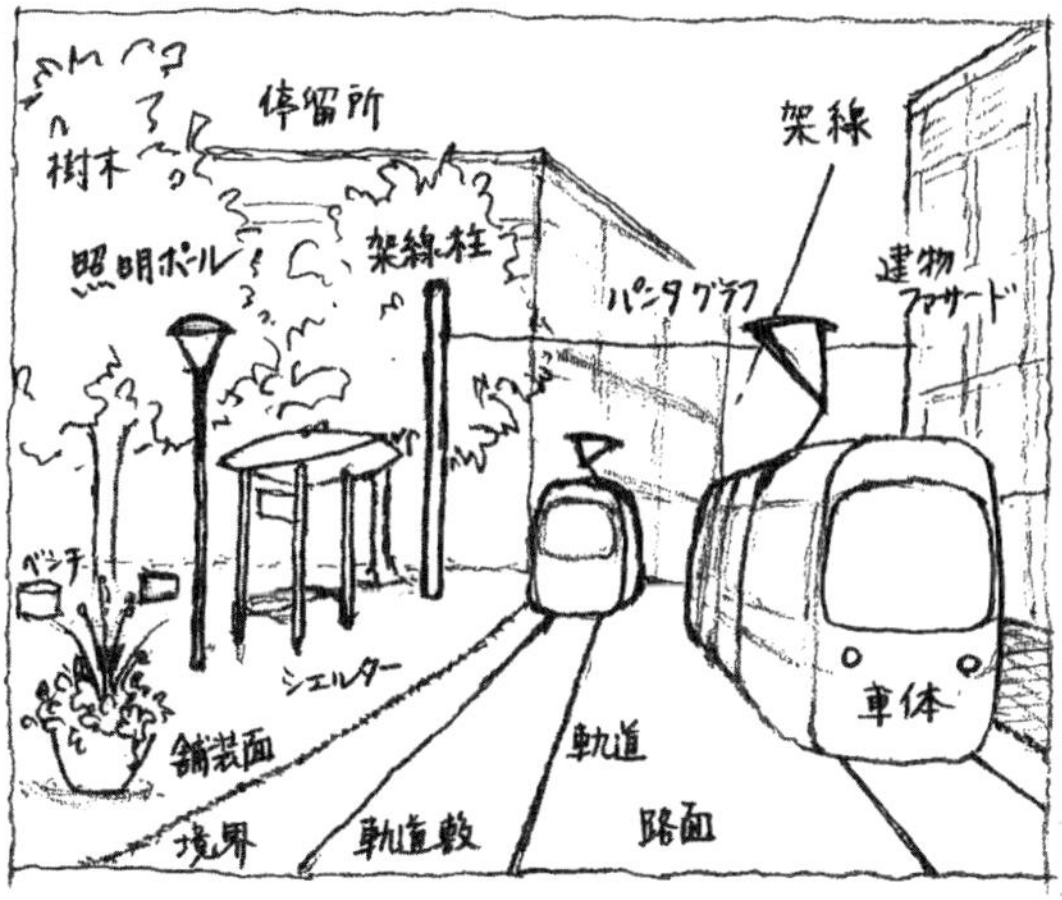

エレメント構成例

LRT 構成エレメントリスト

交通施設	車両	外観
		内装
	停留所	プラットホーム（段差）
		スロープ・階段
		シェルター・大屋根
		サービスユニット
		案内表示、エリアマップ
		ベンチ
		植栽・プランターボックス
		照明装置・ポール、時計
		ゴミ箱
		フェンス
		架線柱
		充電装置
	架線・架線柱など	架線柱
		懸架
		架線
	軌道・軌道敷	軌道敷
		境界面
		地表給電装置（APS）
		軌道
	駐輪施設、駐輪装置	
	P&R 施設	料金ゲート
		建物
		照明ポール、植栽
	バス停留所	シェルター
		案内表示
		ベンチ
	路面標示	

都市空間（沿線空間）	建物ファサード	
	沿線歩道・遊歩道	
	交差点	交差点縁石処理
		舗装面、道境界
		ストリートファニチャー
		植栽・プランターボックス
		ボラード
		信号機
		横断歩道、横断機
	トランジットモール	建物ファサード
		舗装面、道境界
		ボラード
		街路樹・植栽・プランターボックス
		ストリートファニチャー
		街灯
		オブジェ
		信号機
	公園・緑地	舗装面，道境界
		ボラード
		街路樹・植栽・プランターボックス
		ストリートファニチャー・パーゴラ
		街灯
		噴水・水盤
		遊具、メリーゴーランド・観覧車
		オープンカフェ
		オブジェ

都市のグリーンベルト（フランス・アンジェ）

都市施設：停留所から続いている広場
（スペイン・アリカンテ）

交通施設：軌道・軌道敷ライト
（フランス・ボルドー）

都市施設：軌道沿いの公園
（スペイン・パルラ）

交通施設：停留所・駐輪場
（フランス・ル・マン）

都市施設：軌道脇の歩道・自転車道
（スペイン・バルセロナ）

交通施設：軌道と軌道敷との境界・水路
（ドイツ・フライブルク）

（5）ＬＲＴのエレメントデザインがまちを変える

次に、ＬＲＴを構成している各エレメントの色彩や形状・素材などが、どのようにまちを変えていくのかことができることに目を向けてみる。個々のエレメントだけではなく、いくつかのエレメントがペアやグループを作りながら市風景の中に何をもたらし、何を変えていくのか、なぜ変えていくことができるのか、そのデザインについて考えていく。

共通する色がもたらすもの

車両と停留所はエレメントの中でも往々にして一番目に付くものである。双方に共通する色彩や形状が用いられると視覚的なまとまりを表現でき、美しい街並み構築へと紡いでいくことができる。また、Ｐ＆Ｒ建物など沿線関連施設や街灯にもこれらと共通する色彩が応用されると、都市としての一体感を増すことができる。

また、トゥールでは独特の試みも見られる。ストライプの入った車体が停留所にとまると、そのストライプは停留所プラットホームのストライプへ、そして、停留所照明ポールのストライプへと連なっていくのである。これはＬＲＴから都市へ広がっていくというトゥール市のコンセプトを表現したものであり、ＬＲＴと都市との密接な関係が伺われる。

共通の色彩：車体とP&R建物（フランス・ル・マン）

共通の色彩：車体と街灯（フランス・ル・マン）

共通の色彩：車体と停留所（スペイン・ムルシア）

シンボルを生み出す

垂直方向に高く、多様な形状にデザインできるエレメント、例えば、停留所の照明ポールや独立型サービスユニット、架線柱、停留所大屋根には、人の目をひくフォーカルポイントとして個性的かつ大胆なデザインをすることによって、都市景観を大きく一新することに寄与できる。ボリュームがあるＰ＆Ｒの建物も目立つ可能性が高く、そのことを生かしてデザインすると停留所に隣接するＰ＆Ｒ利用を促すことができる。また近年では歩行者とＬＲＴのための新しい橋が架けられたりもしている。

多様な架線柱

架線レスでない限り、絶えず視界に入ってくる架線柱は、高さもあるため、都市景観の中でできるだけ目立たないものにしようとする傾向がある。しかしながら逆の発想で、都市のシンボルカラーの応用や、形状、配置の工夫によっては、都市風景の中での邪魔なものから新しい何かを伝えるエレメントにもなり得る。フ

大屋根（オーストリア・ウィーン）

つながるストライプ（フランス・トゥール）

歩行者とLRTのための橋
（アメリカ・ポートランド）

高いサービスユニット（フランス・ストラスブール）

ライブルグの植物が巻き付いている架線柱、ミュルーズ市のアーチ型架線柱はそのユニークな例である。

ヒューマンスケールの楽しみ

ボリュームの低い、あるいは中程度のボラードやストリートファニチャー、ベンチやシェルター、サービスユニットなどは多様なデザインが可能であり、都市の特性やイメージをさまざまに表現し、その空間を魅力的な場にすることができる。

街をアートギャラリーに

車体は移動するため、人々の視界にずっと留まっているわけではない、この特徴を上手に生かせば、車体自体を風景の中での動くオブジェ・アートのようにとらえることもできる。モンペリエ市（第1章参照）の、青地に白いツバメやオレンジ系のフラワーパターン、海洋生物パターンのような絵画的な目立つデザインの車体は、ギャラリーとなる街中をアートとなる車体が行き交うことによって独特の

色彩を添えるパネル（フランス・ルーアン）

植物が巻き付いている架線柱（ドイツ・フライブルグ）

スリムにシャープな停留所（フランス・ナント）

停留所シェルターの黄色の腰掛け
（ドイツ・ドレスデン）

楽しさを演出し、動画的風景としての調和を生み出すことができる。そして、車両のインテリアにおいても、座席や握り棒などのデザインでさまざまな新しい雰囲気を演出することができる。

境界の作り方

プラットホームや道境界などは、安全性に大きく関わる部分であり、車止め等のボラードなどの物理的障壁となるものがまずイメージされやすいが、舗装面の素材や仕上げの違いによって示すこともできる。すなわち、スムーズな仕上げの歩行面に対して軌道面は歩きにくい粗い仕上げとすることや、舗装面に打たれた金属鋲などによって足下の視覚的、および感触的な違いを作り、対応することも可能なのである。また、細い水路を利用してその境界を兼ねることもある。

耳を通じて

視覚、触覚以外に「聴覚」に関わるエレメントもある。行き先案内アナウンスの声や背後の流れる音といった音響的なことがらであ

走るアート（外観と内装）（フランス・モンペリエ）

軌道境界を示す舗装面の金属鋲（スペイン・セビリア）

る。例えばトゥールでは、路線がいくつものエリアを通っており、エリアを移るごとにアナウンスの音声が変わっていく。単調になりがちな車内アナウンスも利用者に耳に心地よい、興味深いものへと工夫することができる。

（6）歩行者とLRTとの接点：停留所

さまざまなエレメントの中でも停留所は、歩行者空間の中で人とLRTの接点となる重要なものであり、そのデザインには各都市の地域特性やシンボル性が込められている場合が数多く見られる。そこで、これら停留所デザインの変遷に少し触れ、これからの歩行者空間とLRTとの関わり、そこから生れてくる空間の質について考える糧としてみたい。

停留所のデザインには全体にわたって見られる一般的典型的なデザインと、年代によって変化しているデザインとがあり、ここでは後者について取り上げていく。

LRT導入初期には停留所内に収まりながらも、その中で地域独特の色彩や地形形状といった地域の特性を都市のシンボルとして取り込んだデザインが見られている。たとえば、地域の山を表すシェルターの屋根曲線を持つグルノーブルの停留所である。

地域の山を表す停留所シェルターの屋根曲線
（フランス・グルノーブル）

これはおおよそ2000年まで見られ、次には高さやダイナミックな形状によって停留所周辺にも影響を及ぼすような新しいシンボルを創り出すデザインが台頭してくる。先にも挙げたストラスブールの目立つサービスユニットのある停留所などが該当する。そして、街並みへの影響力を発揮していくデザインが2005年前後に出現する。路線沿線に連続する停留所の存在自体が都市景観を創り出していくデザインであり、ミュルーズのアーチ型架線柱による風景などが含まれる。最後に、ここ10年ほどに見られるようになった都市の取り組みを積極的にアピールするための媒体としての停留所デザインがある。ここでは停留所シェルターの屋根の上に植物を植えて持続可能社会を目指す都市を表現したり、停留所デザインが都市の夜景演出に強く関わるようになっている。

これらから、停留所デザインにおいても、単に交通施設としてのデザインではなく、都市と一体となった風景演出や持続可能社会とのつながりを表現することが重要となってきていることがわかる。

（７）ＬＲＴから拡がる公共空間

ＬＲＴを構成しているエレメント、中でも都市空間・風景へと目を向け、沿線の歩行者空間やグリーンエリアといった公共空間の様子、歩行者空間と軌道とのつながり、利便性から重要となる他交通機関との接続の様子について述べよう。

沿線歩行者空間

歩行者空間の形態には、単に軌道に沿うような歩道のみならず、ある程度の幅を持ちながら長く続く遊歩道タイプ、軌道間に幅広く取られた遊歩道タイプ、自家用車を排除し公共交通としてＬＲＴの走行のみを認めているトランジットモールタイプなどが見られる。そして、歩行者空間を楽しく魅力的に演出すべく、噴水や水盤、花壇、ベンチ、照明ポール、樹木・灌木、植栽、遊具、ハンギングプランター、オブジェなどが配置され、オープンカフェも設けられている。また、ヨーロッパでは、しばしば、メリーゴーランドが置かれている。

いずれの場合もＬＲＴが走っていないときは歩行者の視覚領域は軌道上にまで広がるため、視覚的な広がりを確保することができる。

グリーンエリアとしては、軌道に敷かれた芝生、軌道周囲の植栽・樹木による緑の空間や緑道もある。このようなグリーンエリアは都市の緑の量を増やし、都市に視覚的・感覚的な潤いをもたらす同時に、帯状に連続している場合には

夜景を演出する停留所照明ポール
（フランス・ブレスト）

シェルター屋根の上の植物（スペイン・サラゴサ）

街をつないでいく意味をも表現している。また、沿線に点在・配置されている大きなオブジェは市民にアートの楽しみをもたらし、沿線公共空間をギャラリー化していると言える。

　一方でLRTに乗って移動しているときには、車に乗っているときのような運転の緊張から解放され、オープンカフェに人々が集っている様子やオブジェや植栽、ショーウィンドウなどを車窓から眺め、都市風景を楽しむことができる。

都市広場・公園との連続性

　LRT軌道は都心の中央広場の中を通ったり、小規模広場や公園の横を通ったりし、公園・広場と密につながっている場合が多い。いずれの場合も軌道と広場など歩行者空間との境界は舗装面の素材の違い、そのパターンや仕上げの違い、舗装面に打たれた金属鋲といった平面的な処理で作られていることが多く、広場の一体感が保たれている。停留所で降りるとそのまま公園・

ＬＲＴが通る広場横のメリーゴーランド
（フランス・モンペリエ）

軌道間の遊具やベンチ（スペイン・サラゴサ）

広場上空に鎮座する人のオブジェ
（フランス・ニース）

軌道脇の広い歩行者空間にある噴水
（フランス・トゥール）

広場・遊歩道になるという連続的な歩行者空間は歩行者に楽しい空間を提供できる。

他交通施設との連続性

ＬＲＴ停留所と鉄道や地下鉄、バス等の他交通機関を隣接して配置するだけではなく、広場を共有するように複数の停留所・駅を配置したり、一つの大屋根のもとにＬＲＴ複数路線の停留所やバス停留所を配置したりすることで、利便性を高める以上に全体としての一体感を持たせ、気持ちよく利用してもらうことができる。また、停留所の近くに設けられるＰ＆Ｒでは、その建物や標識に停留所や車体と類似の色彩やデザイン、共通するオブジェが用いられるとプロジェクト全体の連続性がわかりやすく、車からのスムーズな乗り換えを推進することができる。

都市の軸

ＬＲＴの軌道は、街路に軸を示すことができ、特に芝生軌道ではその緑の帯がそのまま軸線を強調することができる。トゥールでは、中心部のトランジットモールからそのまま川を越えて伸びる一直線の都市軸を持っているが、中央に並ぶ軌道のラインと一定間隔で建つ停留所のストライプ入りの高く目立つ照明ポールが大胆な都市軸の演出に大きく貢献している。またブレストの市庁舎から港に向かう下り坂のトランジットモールは、モール中央に配置されている水盤や植栽、ベンチなどの空間演出装置が一定間隔で配置されて都市軸の構成に寄与している。さらに夕刻からは照明ポールとともにそれらのライトアップが、都市軸の美しい夜景を演出している。

港に向けて一直線　トランジットモール
（フランス・ブレスト）

ＬＲＴ・バス乗り継ぎ拠点停留所の大屋根
（ドイツ・ミュンヘン）

3-3 歩行空間の改造

(1) 公共交通版の歩車共存道路=トランジットモール

「トランジットモール」とは

トランジットモール(Transit Mall)とは、教科書的な定義ではトラムやバスなどの公共交通と歩行者のみが通行を許された街路のことである。一般車は通行禁止なので、歩行者は交通事故の心配がなく、安心して歩行できる。多数の歩行者でにぎわい、沿道の店舗などが繁盛して市街地の活性化につながっている。

トランジットモールの標準的な構造は、中央に複線の路面軌道(約6m)があり、その両側は幅の広い歩道(両側の合計が10~20m)という構成になっている。写真のように軌道部分を好んで歩く人はほとんどないが、基本的には自由に横断できるので(停留所付近などの特定の場所で軌道横断が禁止されていることもある)、向かい側へは交差点まで迂回せずとも最短距離で到達できる。

冒頭にトランジットモールの教科書的な定義を書いたが、本来の目的は「公共交通による交通利便性の確保と、歩行者の安心安全な歩行環境の実現との両立」であることを考えると、トランジットモールとは公共交通版の歩車共存道路である。したがって、ヨーロッパやアメリカの事例をよく観察すると、単に定義にとらわれないさまざまな「現実への対応」が見えてくる。

歩行者の基本的な行動

トランジットモールはトラムが運行されている都市の中心街に設置されるこ

典型的なトランジットモール
(スイス・チューリヒ)

とが多く、歩行者はトランジットモール上の軌道を自由に横断できるので、極端な場合はトラムが人混みの中をかき分けて進んでゆくような様子が見られることもある。こう書くと、ヨーロッパのトラムの運転士は大変だなと思うかもしれないが、多くの都市を訪れてみると、この写真のような状態はむしろ例外的である。

筆者による調査結果によると、実際にはトラムの直前横断をする人はほとんどなく、トラムが遠くに見えはじめた段階で軌道横断を控えはじめ、走行音が聞こえはじめる程度まで近づくと横断しなくなる。結果として、歩行者は歩道、電車は軌道という具合に、柵がなくてもきれいに分かれている。これはトランジットモールでは幅の広い歩道の確保が極めて重要であるということでもある。

中心街を分断しないための工夫

専門書では、用のない自動車を減少させる方法として、中心街を十文字に横切る街路を自動車が越えられないような交通規制をする例が紹介されている。そして、この街路にしばしば路面電車が走行している。用のない自動車にとってはこの「向こう側へと横断できない規制のされた街路」が壁のように機能するというものだが、実態は臨機応変である。

例えば金融都市として知られるスイスのチューリヒでは、前頁の写真のように、中央駅からチューリヒ湖に向かって約1.2kmの長い「実態としての」トランジットモール（バンホフ通り）がある。

反対側のチューリヒ湖付近の様子（下の写真）を見ると、トランジットモールのはずなのに何台かの自動車が写り込んでいる。ルールを守らない自動車がたくさんあるのだろうか。

チューリヒ湖付近の様子
（スイス・チューリヒ）

混み合うトランジットモールの例
（フランス・グルノーブル）

地図中の斜線を付けた区域では、自動車の進入制限が実施されており、バンホフ通り（図の中央左右方向の街路で、両端に大きな矢印で示している）はこの中を貫いている。詳しく見るとバンホフ通り東側（図の上側）は丘になっている関係で面的に広がった規制区域になっている一方で、西側（図の下側）は規制区域近傍まで一方通行（矢印の方向にしか進めない）以外の規制がなく、自動車で中心街に近づくことは可能だ。つまり、路面電車の走るトランジットモールがあっても中心街全体で歩車共存が図られている。

さて、両端に矢印のついたバンホフ通りだが、中央駅（左側の「ＳＢＢ」）から湖畔（右端）までの約1.2㎞全部が自動車の進入禁止というわけではなく、何か所かで自由に自動車が通りを横断できる。さらに、バンホフ通りそのものを通行できる区間（先ほどの写真）もある。こういった区間でも幅の広い歩道により、安全な歩行環境が確保されている。

また、バンホフ通り上の数か所にはトラム電停の「Ｔ」がある。つまり、安全な歩行環境、公共交通アクセス、必要に応じた自動車アクセス、これらがすべて供給されて中心街の活力が維持されている。これらの要素が確保されれば活性化が期待できるので、（バリアフリーという観点では若干劣るが）トラムの軌道が中心街では地下化されている都市もある。

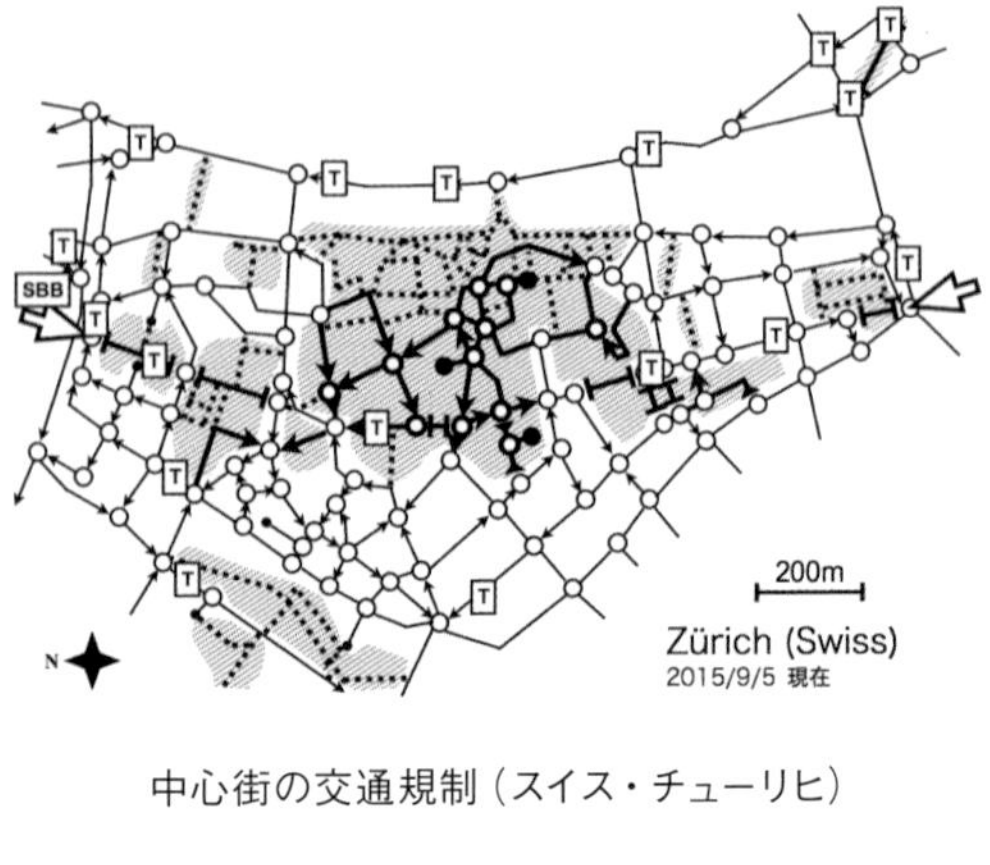

中心街の交通規制（スイス・チューリヒ）

面的に広がる歩行者エリアでも歩車共存

中心街を活性化させるには、トランジットモールの設置云々以前にまず安全な歩行環境の確保が必要であり、先ほどのチューリヒの地図を見ても進入禁止や一方通行が多く、用のない自動車は近づきにくい。とは言え、四六時中自動車の利用を一切禁止するとエリア内の生活や経済活動が成り立たないので、一定の条件下で自動車利用を認めている。

例えばチューリヒの歩行者エリアには歩行者専用区域を示す標識が出ている。同時に、荷捌きや人の乗降目的ならば午前5時から正午までに限り進入が認められている（逆に言えば、用のない交通はこの時間帯でも進入禁止）。荷物を伴ったホテル宿泊者、タクシーの迎車、許可を得た車については時間帯によらず進入が認められている。これとは別に一方通行などの交通規制の内容について詳しく見ると、店舗バックヤードの荷物搬入口や集合住宅の共同駐車場への出入りの利便が考慮され、ごく短い区間だけ規制が解除されていたりすることもある。

歩行者の安全を守る工夫

トランジットモールで、〝ふと気がつくと軌道を歩いていた〟ということはないのだろうか。実はそれを防ぐさまざまな安全対策が施されている。トランジットモールにおいて歩行者が軌道に出てしまいやすいかどうかは、軌道と歩道の境目がはっきりしているかどうかが関係する。軌道を歩道よりも嵩上げして明確な段差を付けている場合もあるが、段差のない場合でも舗装材の色や質感を変化させて区別している。写真では、歩いた際の感触がわかるように軌道部の舗装の石が荒削になっている。

また、軌道部をカラー舗装、歩道部を石畳にすることで区別するとともに、境界部に底の浅い側溝を配置して判別しやすいようにしている例もある。

もちろん、注意喚起を促す標識や看板類もあり、電気式の警報器も存在する。警報器は横断者の多い箇所に設置されており、電車が近づくと電車のマークが黄色く点滅する（音は出ない）。電停付近に設置されていることもある。

トランジットモールであっても軌道横断して欲しくない箇所もある。特にトラム電停では停車中の電車の陰から歩行者が急に出現すると、反対側を走っているトラムの停止が間に合わない場合がある。そこで、電停では物理的に軌道横断を阻止している例もある。写真はトランジットモール内の電停だが、複線軌道間にフェンスを設置して横断を阻止している。軌道と歩道の間にフェンスを設置するよりも確実に横断を阻止していると思われる。

歩行者専用区域を示す標識
（スイス・チューリヒ）

トランジットモールの工夫と実態

このように、実際のトランジットモールでは日本国内ではあまり知られていないさまざまな工夫が実施されている。教科書どおりにトランジットモールを一般車一切通行禁止にすると、市街地が分断されて自動車利用が極端に不便になる可能性があるため、業務用車を中心に、必要に応じて一定のルールに従って中心街に近づくことができ、歩行者優先になっている中心街の内側まで進入することもできる。一方で当該地区に用のない交通は排除され、静穏で安全な交通環境が実現しやすい。歩行者は直接公共交通に乗降でき、歩行環境と移動の利便が両立されている。

標準的なトランジットモールでは、自由な軌道横断はできるが歩行者が軌道を歩道のように闊歩しているわけではなく、どちらかというと避けて通行している。トラムも最徐行で通行し、安全上特に配慮が必要な箇所には柵や警報器などといった相応の対策がされている。

舗装方法を変えて判別しやすくしてある
（フランス・グルノーブル）

舗装の石の質感と感触が異なる
（フランス・オルレアン）

フェンスで軌道横断を阻止
（スウェーデン・エーテボリ）

電車接近を知らせる警報器（スイス・チューリヒ）

電車が次から次へとやってくるようなトランジットモールはさほど多くはないので、ほとんどのトランジットモールでは大半の時間は電車が来ない単なる空間になっている。トランジットモールは優れた交通環境だけでなく、質の高い都市空間を提供している。

（2）日本における公共交通志向の街路の取り組み

日本の市街地への本格的な路面軌道の新規導入はほとんどないが、バスなどを含めての公共交通を重視した街路の導入は徐々に進みつつあり、公共交通による利便性の確保と、安全な歩行環境の実現とを両立させるべく努力がされている。それらの事例を概観しながら、今後の日本での公共交通志向の街路はどうあるべきかについて考えてみよう。

京都市四条通のトランジットモール社会実験とその後の歩道拡幅事業

京都市の中心街にある四条通は、元は両側歩道の4車線道路だが、買い物客らが多いにもかかわらず歩道が狭かった（7m幅に毎時約7000人）。歩道側車線は常に駐車車両や客待ちタクシーが存在し、自動車の通路としても十分に機能していなかった（幅15mの車道で処理していた人員は毎時約2200人）。

2007年10月、「歩いて楽しいまちなか戦略」の一環としてトランジットモール社会実験が実施された。歩道を拡幅して4車線道路を2車線道路として使用するとともに、一般車両の進入を禁止した。

拡幅部分の歩行者数は多くはなかったが、直交する細街路で多数の入り込み客が見られ、車道ではバスが快調に走り去る様子が見られた。一方、ヨーロッパのトランジットモールとは異なり、歩行者が道路の反対側に行くには交差点の横断歩道を使わざるを得ず、自由な街路の横断はできなかった。

その後、京都市では「歩くまち・京都」憲章が制定され、歩行者優先の都市交通体系が本格的に目指されるようになった。2014年11月、四条通の歩道拡幅事業が着手され、おおむね社会実験時と同様の幅員構成の街路として2015年10月に完成した。

歩道拡幅以前の歩行者環境が良好とは言えなかったため、事業実施によって人通りは増加したものの一般車の通行は禁止されておらず、相変わらず騒々しい街路のままである。また、歩行者が任意の箇所で車道を横断できる状況でもない。ヨーロッパの歩行者エリアでは荷物の搬出入と多数の歩行者が闊歩する時間帯は分離されていたが、四条通では常時利用できる多数の荷捌きベイが存在する。

なお、四条通の地下には阪急京都線が走行しており、交通の利便は確保されているが、路面軌道はなく、路面公共交通はバス（とタクシー）だけという状態である。

金沢市横安江町商店街のバストランジットモール

金沢駅から南東へ約８００ｍ、東本願寺金沢別院の参道である横安江商店街の街路が「トランジットモール」になっており、国土交通省の資料などでも紹介されている。当初はアーケード街をバスが通過するということで注目されたが、今はアーケードが撤去されており、天候を気にする必要のない街路ではなくなった。

路線バスと歩行者や自転車のみが通行できる街路なので、教科書的なトランジットモールの定義は満たしており、実際の街路そのものの歩行環境には大きな問題はなさそうである。だが、

社会実験で拡幅された歩道

歩道拡幅事業後の四条通

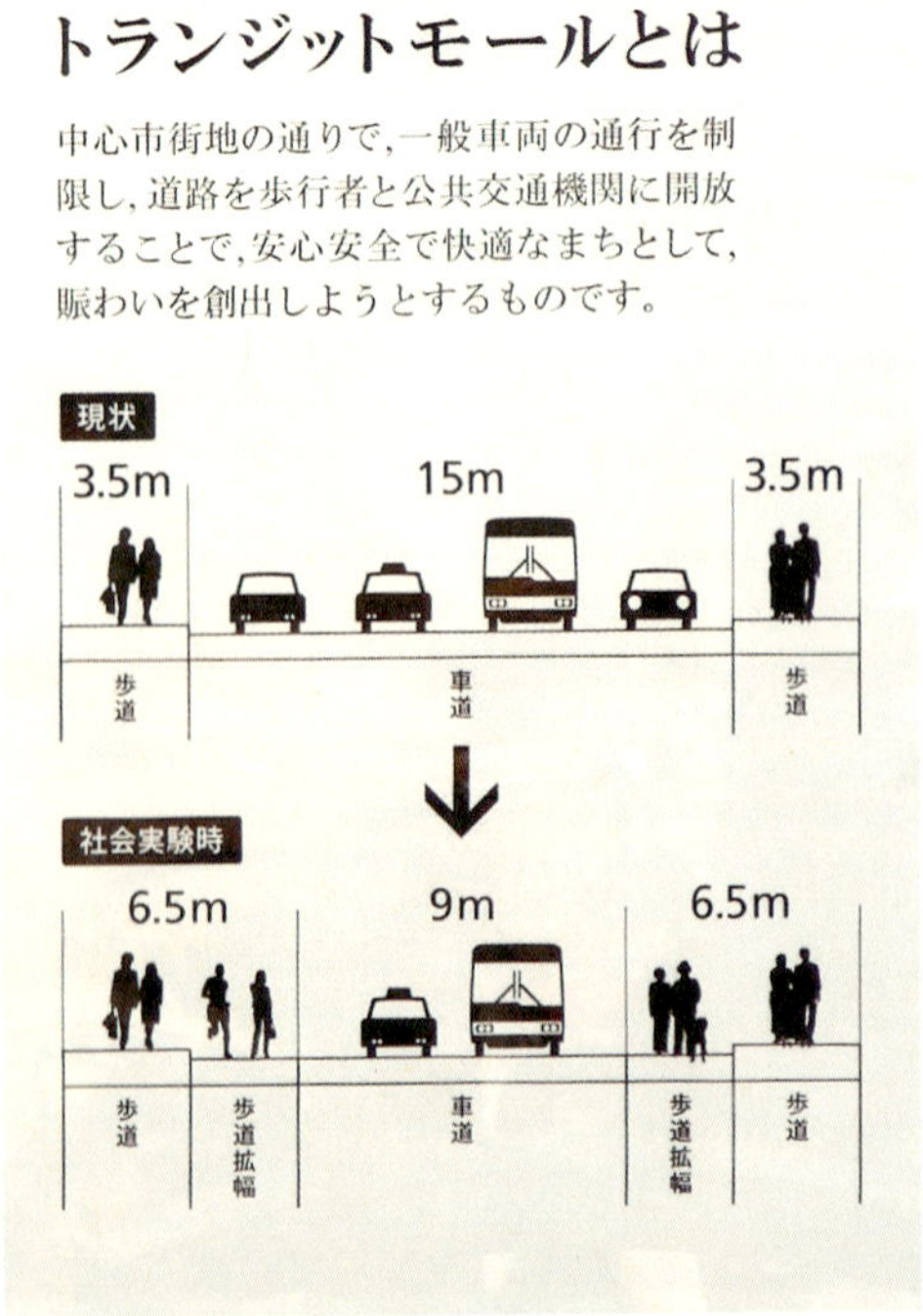

社会実験時の幅員構成（街頭の掲示物）

歩行者を地区に呼び込むはずの路線バスが一方通行であり、毎時4本しか運行されていない。「公共交通による交通利便性の確保と、歩行者の安心安全な歩行環境の実現とが両立」することが中心街の街路にとって重要だが、交通利便性の確保は実現できていない。現状では自転車の走行しやすい街路だ。

姫路駅前のバストランジットモール

JR姫路駅北側から姫路城へと続くシンボルロード（大手前通り）のうち、駅付近が一般車進入禁止になっており、バストランジットモールになっている。

街路整備に合わせて駅前の再開発が行われ、市民の集う空間として芝生広場やキャッスルガーデンが整備されている。

街路全体としては車道と歩道の空間比率が大きく見直され、幅広の歩道と2車線の車道とに再構成されており、京都の四条通に比べても一般車進入禁止という点で一歩進んでいる。しかし、路面公共交通がバス依存であるとともに、車道と歩道との間に柵やバス乗降場が設置され、自由な街路横断ができないという点では四条通と同様の状態だ。

富山市の大手モール

富山市には富山駅から北方に延びる富山ライトレールと中心部の環状線であるセントラムの二つの新規路面電車が整備されている。このうち、中心部の環状線は富山城の南側にある大手モール（大手町通り）を通過する。

大手モールは東西それぞれ広幅員の街路が並行しており、また南端および北端が丁字路になっているなど、路面軌道が新設される前から用のない自動車が入り込みにくい街路だ。ここでは2002年から毎月バザール（越中大手市場）が開かれており、

姫路駅前のバストランジットモール

金沢市横安江町商店街

新規軌道開通後の現在でも継続している。

２００９年、新たに市内環状線が完成したが、大手モール中央の2車線部分に単線の軌道が割り込む形になった。つまり自動車の通行機能は従前のまま引き継がれ、歩道の幅員を削る形で単線の線路が整備された形になっている。一般車の通行は禁止されておらず、車道部分と歩道部分は柵で区切られ、歩行者の自由な横断を想定しない街路となった。見た目はトランジットモール風であるが、京都の四条通や姫路駅前と同様の状態である。

日本の公共交通志向の街路の取り組みにおける課題

紹介した国内各事例では、軌道の有無にかかわらず、横断方向は依然として歩行者の行動が制限されている。だが、街路において公共交通の利便を高め、沿道の活性化を図るには、横断方向の自由な移動についての改善が必要である。

ヨーロッパでも、公共交通の利便を確保しながら歩行者の自由な行動を許しているトランジットモールを実現するには、関係者への長期にわたる粘り強い説得があった。日本でもシミュレーション技術なども活用しながら、関係者に対する具体的な事例や証拠を添えた安全性についての説得を継続することが重要だ。難色を示している側は単なる懸念を示しているだけであって、合理的な材料に基づいた議論ではない可能性があるからだ。

具体的には次のような改善は考えられる。

姫路駅前のキャッスルガーデン

バザール開催中の大手モール（２００５年）

大手モール（２００９年：工事中）

①自家用車の通行を「原則」あきらめる

姫路や金沢のようにすでに自家用車の進入を止めている街路もあるように、日本でも自家用車の進入禁止措置は可能である。その街路を通行しないと自家用車の交通処理が不可能ならば仕方がないが、そうでないなら、「自家用車の通行をあきらめる」のは有効だ。必要な自動車は海外のように一定のルールに従った乗入れは可能だ。

②公共交通の速度を低下させる

ヨーロッパのトランジットモールでは公共交通には時速20～30㎞程度の速度制限が課されており、実測では時速10～20㎞程度の走行である。かなりゆっくりだ。日本では道路の速度制限は有名無実で、ドライバー任せが実態ということも多いが、自家用車を締め出した街路ならば運転は職業運転手ばかりなので、制限速度の厳守は容易だ。実態としての走行速度が時速10～20㎞程度まで低下させられれば、安全性はぐんと上がる。

③柵以外の歩車分離方法

日本の取り組み例では、歩道と車道を柵で分離する方法が採られている。例えば不慣れな人や子供が軌道や車道に飛び出すことを防止できる。だが、子供はヨーロッパにも存在するし、不慣れな観光客もヨーロッパの都市を訪れている。ヨーロッパのトランジットモールでは、見通しのよい街路では柵などはなく、軌道の自由横断が可能だ。一方、「ここは絶対渡って欲しくない」という箇所には柵（複線の軌道間や歩道と車道の間など）がある。さらに警報器で電車の接近を知らせている箇所もある。考え方次第である。

④新技術への期待

近年、急速に自動車の自動運転技術が進行しつつある。自動運転は路面電車やバスへも応用可能なので、自動ブレーキ機能搭載電車導入と本格的なトランジットモール導入をセットで考える方法もある。

⑤トランジットモールはほとんどスカスカだ

一般道では間断なく自動車が走行しているが、トランジットモールでは電車は滅多にこない。実はトランジットモールはほとんどスカスカである。歩行者の軌道横断については、停留所付近における電車の死角さえ考慮すれば十分かもしれない。一般の鉄道の踏切では、電車の通過15～20秒前までに警報器が鳴りはじめるが、この程度の時間確保を目標にすると、時速10～20㎞で走行するトラムならば50～１００ｍ程度手前で接近に気づきさえすればよい。

3-4　人々の意識の変革

（1）人々の交通行動とＬＲＴ計画の整合性

　ＬＲＴの導入は、交通体系、道路空間、都市景観、沿線施設や土地利用など、まちにさまざまな変化をもたらす。同時に、ＬＲＴは人々の交通行動にドラスティックな影響を与えるものであるため、交通行動やそれに関連した人々の意識にも大きな影響を与える。もっと言えば、人々の交通行動に関する意識の変化なしには、ＬＲＴの導入というまちの交通の大きな変革は成功しない。

　単にＬＲＴ車両を走らせるだけでは、たとえその電車が高性能で美しいデザインでバリアフリー完備であっても、まちを変えることはできないし、人々のモビリティを改善することすら適わない。便利な電車が走っても、クルマのほうが便利ならば、人々はクルマに乗り続ける。便利な電車が走っても、歩行空間が貧弱ならば、人々は停留所まで歩いて行かない。いくら立派な電車でも、自分の住んでいる場所、働いている場所、買い物をする場所の近くに停留所がなければ、あるいはそこへ行くためのほかの交通機関とうまく連携してなければ、それは便利な電車ではない。

　ＬＲＴ導入は、第一には他の交通手段とのバランスを調整することが必要であり、第二には土地利用や公共施設・商業施設分布と連動した路線設定でなければならない。つまり、ＬＲＴ成功の秘訣とは、人々が移動する習慣それ自体を変えるようなものでなければならない。そのことは、交通に対する人々の考え、意識が変わるということでもある。日本では、ＬＲＴが新設され、人々の意識がこう変わったという事例がないので、ここでは本書の第１章でもとりあげたＬＲＴ先進国であるフランスの例を取り上げて、人々の意識の変化、それに付随して行われた施策について述べる。

人と環境にやさしく、都心の活性化や快適な歩行空間の実現をもたらすＬＲＴは一見いいことずくめに見えるが、反対意見が多い。というのは、沿線住民の生活が一変してしまうからである。公共事業で自分の生活が一変することに懸念を抱くのは、人間として自然な感情であり、合理的な判断でもある。ＬＲＴ先進国の行政マンも、そういう変化を畏れる人間の心理をよく理解しており、反対派の住民と徹底して話合い理解を得るという方法を選択している。

（２）ＬＲＴには反対意見が多い

ＬＲＴ先進国のフランスでも、実はＬＲＴ導入に反対する住民が多い。住民が反対する理由として、第一にＬＲＴ整備に伴う道路規制や駐車場の削減によりマイカー利用が不便になること、第二にＬＲＴが通る沿道の商店の人で、クルマできてくれているお客さんがこなくなるということがあげられる。うち、多数を占めるのは、マイカー利用が不便になる沿道住民である。フランスには車庫証明の制度がなく、フランス人は自宅近くにマイカーを路上駐車するか道路上の駐車帯を利用するのが普通である。ＬＲＴの軌道は、道路の駐車帯を潰して敷設されるので、自宅前の駐車場がなくなるのはイヤだという理由で反対するものである。つまり、この理由で反対する住民は、「私の家の前の道路にＬＲＴはＮｏだが、1ブロック隣の道路だったら、ＬＲＴもマイカーも便利なので歓迎する」と主張するのである。さまざまな反対理由を持つ住民と、粘り強く協議をするのが、フランスにおけるＬＲＴ導入の秘訣である。

遠回りに見えても、徹底協議する方法がとられる。フランスでは法律上、計画を策定して最終案を策定するまでの途中過程の協議であるコンセルタシオンと、事業案を市議会に提出したときに議決前に実施する公的審査という二つの協議プロセスが義務づけられている。この二つの協議プロセスを経て、市民が納得するまで協議を行う。市民の合意が得られたと判断して、初めて市議会は事業案を可決して、工事が始まる[1]。

議論好きの国民性で知られるフランス人だけあって、住民説明会を開いておとなしく聴いて納得して帰ってくれる人はほとんどいない。行政マンと住民の侃々諤々の議論が繰り広げられる。住民も議論慣れしており、論理的に行政マンを問い詰める。行政マンはエビデンスを示しながら、ＬＲＴの事業の合理性を丁寧に説明する。初期に導入されたストラスブールのＬＲＴでは、激しい反対運動に見舞われたので、住民との協議は最終的に５００回以上にも及んだ。

（3）工事時の人々への対応

フランスでは市民協議がすべて完了すると、市議会が公益事業宣言を出す。この宣言が出ると、市当局は優先して土地収用を行うことが可能となる。公益事業宣言後、LRTはおおむね2年弱で開業することがほとんどだ。LRTの工事は、街中の道路を掘り返して、街をつくりかえるところからはじまる。工事中は自動車の通行はおろか、バスの運行、歩行すべてが不自由になる。市民は工事期間中の不便に耐えなければならない。これだけ不便になるので、LRTの建設工事は1年半くらいで一気に終えるように行われる。「開業後にはいいことが待っているので、みんなで我慢しましょう」といっても、商店主にとっては1年半間の工事期間はお客さんが減って大変だ。大赤字で下手したら倒産だ。そこで、市当局は沿道の商店主への配慮に心を砕く。本当にお客さんが減ってしまった店には、営業補償をおこなう。次に紹介する広報センターが、この営業補償の担当窓口になる。また、工事中の歩行支援として、ミニシャトルバスの運行も行う。工事中も高齢者や障害者が街にこられるようにとの配慮である。

（4）LRTに関する広報の工夫

多くの街で、工事期間中にLRT広報センター（Maison du Tramway）が設置される。市民に対する広報・公聴の役割を担うとともに、さまざまな情報の伝達の統括を行い、住民との協議・質疑応答・苦情対応の司令塔の役割を果たす組織でもある。とりわけ、工事に関する苦情対応や質問の受付が重視される。商店主に対する営業補償の案内も担当する。インターネットのサイト上での質問や苦情受け付

工事現場の看板「今日は工事中、明日は美しい街」（フランス・ニース、2006年6月）

けも担当する。工事対応以外に、ＬＲＴ事業や都市交通政策に関する質問や意見はすべて受け付けており、ＬＲＴに関する市民との総合的なコミュニケーションをとるための機関であると言える。

センターではパネルや模型の展示、ビデオの放映、さまざまなパンフレットや冊子類の配布や工事資料の閲覧が可能となっている。フランスらしく、内装のデザインも工夫が凝らされている。子供向けのコーナーもあり、子供向けの体験企画も実施される。センターの役割で重要なのがＬＲＴガイドツアーの実施であり、商店主など沿道で経済活動を行う人向けの研修は特に重視される。

多くの都市で、ＬＲＴマガジンを刊行し、市民に無料配布するほか、インターネットでも公開する。マガジンのデザインも工夫されており、タウン情報誌のような体裁になっている。内容は、工事・事業の進展情報、担当者や市民へのインタビュー、子供向けのコンテンツなどから成る。刊行初期は工事情報が中心なのに対して、工事終盤になると開業に備えたコンテンツ内容が中心であり、ＬＲＴの乗り方や信号制御の案内、新しい道路規制のルールなどの紹介が中心になる。

住民向けのきめ細やかな情報提供手段としては地区ごとの工事情報をまとめた冊子の配布がある。ディジョン市のＬＲＴでは停留所ごとに工事情報を記した冊子を作成して住民に配布した。住民向け地区別の工事情報冊子は原則として対象地区の住民に全戸配布される。

インターネットも情報伝達の手段として重要である。広報サイトの設置は基本であり、Flash や動画を活用して動きのあるＰＲ手段としているほか、各種広報や工事情報、行政資料のダウンロードサイトの機能も持つ。メールマガジンの発行や、リアルタイムの工事情報を伝える携帯メールのサービスも提供している。近年では、ＳＮＳの活用も盛んである。

ディジョンの広報センター　外観と内部の様子（フランス）

（5）ＬＲＴという新しい文化の創生

本節ではＬＲＴ先進国であるフランスでの人々の意識の変革とそれを促すために行政が行う啓発、広報活動について述べたが、日本ではＬＲＴ整備に関わる制度や財源の裏づけがフランスほどには整っていないために、別の面で人々の意識を変えていく必要がある。

技術という点でみれば、実は日本はヨーロッパのＬＲＴ先進事例を生み出してきた国に勝るとも劣らない水準にある。もともと鉄道先進国ということもあり、ＬＲＴ実現に資する交通計画や土木技術に関するノウハウの蓄積は十分にあるし、一時は遅れていた車両技術も、国の支援や各車両メーカーの努力により超低床車を国産化できるまでに至った。つまり、技術という点では日本においてもはやＬＲＴを実現する障害は全くないのである。

技術面で全く問題がないとすれば、ＬＲＴ導入の障壁となっているのはなんであろうか。制度の問題は一つの障壁であるといってよい。しかし、現行のＬＲＴ支援制度はまだまだ不十分とはいえ、地方自治体が知恵を絞ってさまざまな支援制度を活用すれば、なんとかＬＲＴ導入は可能である状態には達した。現に富山・札幌の都心ループ化や、宇都宮ＬＲＴのように実現にこぎ着けた例もある。制度の問題は確かにハードルであるが、決して超えられないハードルではない。

最大の問題は、社会的受容性にある。ＬＲＴが他の軌道系交通機関と異なる最大の点は、クルマ依存の地域交通体系を改めなければ導入できない、という点である。ヨーロッパやアメリカにおけるＬＲＴに対する反対意見では、電車が走ることの是非よりも、ＬＲＴ導入に伴うクルマ規制に対する反対のほうが圧倒的に大きい。すなわち、ＬＲＴ導入の真の障壁とは、人々のモビリティに対する生活習慣を変えること自体の困難さであると言える。

ならば、解決策は一つである。ＬＲＴ導入によって、地域に新たな文化を生み出すことを目指すのである。日本はすでにＬＲＴに関する技術的ノウハウは十分に持っているのだから、ＬＲＴが受け入れられる文化の開発が重要であるということになる。経営学者の三宅秀道は、技術競争偏重の日本企業に対して、製品が受け入れられる文化の開発の重要性を説き、一つの例として小林一三がつくりだした沿線文化の開発という大手私鉄の経営モデルをとりあげた[2]。すなわち、ＬＲＴ導入とは新しい沿線文化の開発モデルを日本に創生することである。

ＬＲＴが地域社会に受け入れられるには、導入対象地域がＬＲＴ導入とそれに伴うモビリティの変化を受容する文化を持っているか、なければ創生しなければならない。具体的に、LRTを受け入れる文化とはいかなるものであろうか。一例として以下のような価値観を重し、市民の間で共通認識となっていることである。

・環境配慮型社会への移行
・バリアフリーやユニバーサルデザインの重視
・高齢者に優しい社会
・子育てに温かい社会
・スローライフ
・徒歩や休める空間を重視する社会
・優れたアーバンデザインの追求
・内発的発展を重視する雇用のあり方
・観光客に対するおもてなし精神（高いホスピタリティー）
・文化遺産の保全・継承の重視

LRTブームの火付け役となったフランスのストラスブールのLRTは、電車に合わせて街をつくりかえる事業であり、ストラスブール市は人と環境にやさしい街という新しい文化を持つに至った。人々の習慣を変えるものであったがゆえに、当初は激しい反対に見舞われたが、500回も協議を重ねることによって市民の間に新しい文化を生み出すに至ったのである。新しい地域文化を生み出す挑戦、まさにこれこそがLRT導入の真骨頂であると言える。

《参考文献》
1 南聡一郎、「自治体公共交通政策における市民参加の日仏比較－鉄軌道の再生・導入を例に」、大久保規子編著、『緑の交通政策と市民参加』、大阪大学出版会、205-230頁、2016年
1 三宅秀道、「新しい市場のつくりかた」東洋経済新報社、2012年

な規制、道路舗装面の表示や施設設置等により住居系地区の走行速度を低下させることや、規制や道路網形態の改良により通過交通を削減することなどが必要である。また、低公害車や省エネカーの開発・導入は重要である。さらに、これまで自動車は「速く、大きく、室内は快適」となるよう進歩してきたが、「遅く、小さく、外気に触れる」車とすることで、弱い立場の歩行者等との視点・意識の共有を目指す必要もあるだろう。

このように、ドアツードアを代表とする自動車の利便性の高さはほかに替えがたいものであるが、その特質を生かした歩行者や公共交通機関との住み分け・共存の方策を探っていかねばならない。そのためには、各種の道路整備、施設整備、制度的仕組みづくりが必要なことは言うまでもない。また、長期的には、自動車に強く依存しなくても暮らしていけるコンパクトシティー等、公共交通志向型の土地利用や施設立地計画も重要である。

それと同時に、人々の意識変革もまた必要不可欠である。交通は派生的に発生するものなので、人々の意識や価値観が変わることで、その形態も大きく変化させることができる。自動車がもたらす大きな社会的費用を考えるならば、あくことなき交通利便性の追求が後生の利益を奪っているということにも思いを馳せなければならない。美食の追求がいつかは高血圧や糖尿病などの生活習慣病につながる可能性を知るならば、人々は節制・養生するのと同様、都市交通の利便性追求が至る先について想像たくましくし、都市交通の利用に関する価値の転換を時代は迫っていると言えるだろう。

コ ラ ム

都市において自動車交通はどうあるべきか

本書は、ＬＲＴのための本であるので、自動車、特にマイカーのあり方について述べることは目的としてはいない。しかし、ＬＲＴとマイカーは、協調して都市交通体系を形成すると同時に、交通需要や通過空間を取り合いする競合関係にもあるので、ＬＲＴ導入を前提とした都市で、その裏腹の関係にある自動車交通はどうあるべきかについて一言触れておく。

まず、歩行者の優先、公共交通の利便性向上の２点の必要性を認めるならば、都市内の限られた交通空間のもとでは、結果として一定の地域・路線への自動車の乗入れ規制、総量としての自動車利用の抑制策をある程度受け入れなければならない。特定の地域やバス専用レーン・路面電車軌道敷などへの自動車乗入れに対する交通規制のほか、燃料への環境的課税や都心乗り入れ車に課金するロードプライシングなどの経済的政策は、自動車がもたらしている社会的コストの大きさを考えるならば、実施方法に関する議論はあるにしても一定やむをえないものと思われる。

ただし、歩行環境や公共交通整備の必要度が特に高くない地域や分野において、自動車の利便性の高さを生かした「住み分け」策も必要である。例えば、都市の郊外部においては公共交通網の密度が薄くなるため、マイカーを中心にした交通体系は維持しつつ、都心地域との結節部においてパークアンドライドと呼ばれる公共交通機関乗り換えのための駐車場整備や、あるいは歩いて都心地域に入って行くための都心外縁部におけるフリンジ駐車場整備などが伴う必要がある。

さらに、自動車の形態や利用の仕方を見直し人や環境にやさしい自動車とすることで、積極的に「歩車共存」を進める必要もある。歩車が共存する道路・地域では、適切な措置がとられなければ、騒音・大気汚染などの環境影響をもたらし、車に比べて弱い立場の歩行者・自転車の安全が脅かされる危険性がある。そのため、法的

第4章
LRTをつくるためには

LRTとLRTがあるまちが魅力的だと感じたとして、自分のまちにもLRTを導入したければ何を知り、考えればよいだろうか。実は、LRTはまちを選ぶ。それは、「LRT導入のためのまちに必要な条件」があるという意味である。それがクリアできたならば、どのような計画の枠組みで、具体的にどのように線路を敷けばよいのか、LRT導入のための制度にはどんなものがあるのか、その制度にはどのような課題があるのか、人々に賛成してもらえるような計画づくりはどうすればよいのか等についてここで考えてみたい。人とまちと交通の関係が見えてくるだろう。

4-1 LRT導入のためのまちの要件

LRTは、都市交通問題の切り札として、あるいはまちづくり、都市再生のツールとしてその役割が大いに期待されるが、道路整備あるいは区画整理・都市再開発などの基盤整備以上にLRT導入のための都市要件は狭い。つまり、LRT導入に適したまちとそうでないまちがあることを認識しておく必要がある。自分のまちにLRT導入の条件があるのかどうかをここで考えてみよう。

わが国の多くの都市でLRTの構想や計画があっても実際の事業計画はなかなか進んでいない。その主要な原因は大きく分けて二つある。一つは、公共交通システムの整備と維持を促す法制度およびその実効性を担保する財源制度の不備である。もう一つは、公共交通、特にLRTのような新規公共交通に公的資金を投入することへの市民理解が進んでいないことや、LRT整備がもたらす道路空間の再配分に付随して発生する既得権の利害調整などの社会的合意の難しさである。

法制度・財源制度整備と市民理解向上は相互依存関係にあるが、都市自治体が総合的な都市政策の一環として公共交通の整備を行うための、制度的・財政的裏づけが不十分なわが国の現状では、まず市民理解を高めることが重要と考える。路面公共交通整備が地域社会にもたらす影響、沿線地域の土地利用や都市空間構成の変化など、地域変遷の状況を国内外の事例に基づいて明らかにすることで、事業主体・計画主体が市民理解を高めるために提供すべき計画情報の作成と評価につながる。

以上の制度と社会的受容に関する日本の現状下で、計画・構想のある都市特性とLRT整備要件との関連は次のように考えられる。もちろん新たなLRTがあちこちで開通するようになれば、これらの要件が変化することはありうる。

(1) 都市規模、人口分布

LRTの設置には、1km あたり30億円前後の整備費用がかかると言われている。地下鉄では、1km あたり100～

300億円と言われているので、それよりは大幅に低いが、バスと比較すると初期設備投資額や維持費が大きいため、一定の事業収入を確保するためにはそれなりの需要量を保証するだけの人口規模が必要である。都市人口が一定規模以上でないと経営上LRTの成立は困難である。逆に、人口が大規模になると公共交通の骨格は地下鉄でないと需要を賄えないため、そういう大都市では、LRTは骨格の幹線から伸びる支線、ないし埋め立て地や大きな団地等の狭い範囲に人口が集中する地区を巡回する線として整備すべきこととなる。日本で路面電車の走っている都市で人口が少ないところは、福井市が約27万人、高岡・射水市合計も約27万人であり、フランスでもLRTが新設された都市圏人口はおおむね25万人以上であることから、人口としてはおおよそ25万人以上あることが一つの目処となろう。ただ、当然であるが都市人口は行政的に定められた市域に依拠するので、単純に人口のみでは決めきれない側面もあり、人口の分布状況・集中状況についても加味しなければならない。

今後、LRT整備の財源状況や経営基盤の変化、あるいは人々の交通需要のLRTへの転換が多くなれば、事業収入の確保水準も変わるのでこの数値は変動しうる。

(2) モビリティ問題の種類

解決すべきモビリティ問題の種類によりLRT整備の必要度は異なる。道路混雑、バスのキャパシティ問題、郊外開発、マイカーからの需要転換、交通弱者対策、バリアフリー化、地域地区間の結合・一体化などさまざまなものがあろう。こうしたモビリティ問題を解決するために、LRTが最善なのかの検討は重要である。鉄道や地下鉄の建設、道路整備や駐車場整備によるマイカー利便性の向上、バスネットワークの充実、自転車利用の推進など、ほかの交通手段整備による問題解決についても模索しなければならない。

具体的には、バスやマイカーによって交通混雑している都市での混雑解消の役割がLRTに期待できる。また、鉄道などの都市間輸送機関やバス交通との接続性を高めることで、交通システム間の有機的連携、郊外から都心への人の誘導などへの効果もありうる。当然のことながら、低床式車両がもたらすバリアフリー性も重要である。

LRTが有する中量輸送特性に基づいて、バスでは補いきれない拠点間の人員輸送、都心内流動に対応した輸送ポテンシャルと周遊性確保なども考えられる。

（3）導入の社会的・経済的効果

ＬＲＴ事業は、わが国においては公共投資の一形態として実施される可能性が高い。そうした点で、ほかの公共投資と同様どのような整備効果がどの程度あるのかを明らかにする必要がある。特に、ＬＲＴには輸送面での整備効果に加えて、都市再生・活性化や都市環境改善などの都市全体への効果が求められる。

（4）ＬＲＴ通過地域

単純に地点間を結ぶだけならば低廉なバスシステムで十分であるが、都心地域の活性化をアクセス性に優れたＬＲＴに担わせるならば、それにふさわしい商業施設の連担する街路・街並みが必要である。

わが国のＬＲＴ計画・構想のある都市の一部では、商業施設が連担する通り・街並みが発達していないところもあり、そのような地域ではバスシステムでも十分ではないかどうか検討の必要がある。逆の言い方をすれば、そのような地域にＬＲＴを通すならば、沿線に商業集積・都市機能集積が見込めるような将来計画が必須である。

（5）ＬＲＴの収容空間

軌道1本あたりおおむね1車線の余地が必要である。そのため、自動車を走行させつつ往復の軌道を敷設するには、4車線以上の広幅員の道路が必要である。ただし、十分な道路余地がなくても、都心地区などでは自動車の通行を制限して軌道を

商業連担地を通る路面電車（函館）

敷設する、近接して並行する二つの街路に各々単線軌道を通すなどの工夫もありうる。自動車走行車線から軌道への切り替えなど、道路空間の再配分はLRT整備のためには避けられないものであり、地区特性や関連ネットワークとの兼ね合いで十分検討する必要がある。なお、その地区に必要ならば、狭い通りにもLRTを新たに通している例は、ヨーロッパにはいくつもある。

LRTのターミナル施設としては駅前広場などがあるが、LRTを新設したヨーロッパの多くの都市では鉄道とLRTのアクセス性を高めるためにこのような空間的余地のあるところ、あるいはターミナル空間を新たに構築している。

(6) 事業運営主体

軌道運営には独特のノウハウと事業経験あるいは免許条件が必要と思われるが、わが国のLRT計画・構想でこのような点が軽視されているきらいがあり、その重要性について再認識しておく必要がある。

現在運営されている路面電車のLRT化、あるいは過去に路面電車が走っていた都市では、そうでない都市よりもLRT導入の条件は整っており、市民理解も得やすいと考えられる。

狭い通りを通過するLRT(フランス・マルセイユ)

4-2 LRT計画の枠組み

LRTを導入するために、どのような計画立案が必要なのか、その枠組みについて第1章でとりあげたフランスなどLRT先進国の事例をもとに、考えてみる。

(1) 包括的な都市交通計画

LRTは都市交通施設であるから、その導入によってどのような都市交通問題を解決しようとしているのか、将来的にどのような都市交通体系を目指しているのかなどの包括的な都市交通計画が必要である。都市交通計画とは、環境・社会・経済3項目すべての面において持続可能な都市を実現することを目的とした、社会的共通資本としての交通インフラ・サービスの供給ならびに利用に関する配分に対する、住民によって倫理的合意を得られた、法的な拘束力のある基準ないし目標である。すなわち、包括的な都市交通計画は、LRTのまちづくりにおける位置づけや、公共交通ネットワーク全体の中で果たすべき役割を明確にさせるという重要な役割がある。

日本では、LRT計画を立案する場合、地方自治体や鉄軌道事業者らで構成される「LRTプロジェクト推進協議会」が策定したLRT整備計画に基づき実施される。しかし、まだ事例が少ないこと、後述するが不十分なところがあるという意味で、ここではLRT先進国であるフランスの都市圏交通計画（PDU）が参考になると思われるので、それについて述べる。PDUでは、フランスの交通法典で規定された11の項目が関係する。

①交通ニーズと環境の持続可能性の均衡
②社会的連帯の強化
③交通安全
④自動車交通の削減

⑤公共交通・徒歩・自転車の強化
⑥道路利用・異モード間の再配分
⑦駐車場再編および料金施策、カーシェアリングの実施
⑧物流交通・配送の再配分
⑨通勤交通の改善
⑩パークアンドライドを含む、公共交通料金の再編
⑪電気自動車の利用環境整備。

ＬＲＴ導入は⑤の公共交通の強化に含まれるが、道路網の再編や駐車場配置、歩行空間整備といったＬＲＴを生かしたまちづくりに欠かせない政策もＰＤＵにおいて策定する点が特徴であると言える。**表**は、フランス、トゥール市のＰＤＵのアクションプランである。日本での計画作成の参考になる項目もあると考え、ここに例示する。

日本においても２００７年の地域公共交通の活性化及び再生に関する法律において、地域公共交通総合連携計画（２０１４年の改正で、地域公共交通網形成計画に発展的解消）が導入された。ただ、日本の計画制度は、フランスのＰＤＵと比較すると以下の３点が特に限界点として挙げられる。第一に、フランスのＰＤＵの策定は義務であるのに対して（人口１０万人以上の都市圏のみ）、日本の交通計画は任意策定であるという点である。第二に、日本の計画が公共交通のみに特化しているのに対して、フランスのＰＤＵは道路や駐車場、歩行空間なども含む、都市圏における人とモノのモビリティを包括するものであるという点である。第三に、ほかの計画との連携であり、フランス

フランス・トゥールのPDUアクションプラン（5つの基軸と14の行動計画）

基軸1：自家用車のモビリティに対して代替可能な手段に優先権を与える	日常的な活動モードを解決させる
	公共交通（共同の交通）の魅力を開発
	インターモーダルの促進
基軸2：すべての人のモビリティを保障	優先エリアにおけるモビリティの随伴
	移動制約者のアクセスの保障
基軸3：コンパクトシティの構築	公共交通（集合的交通）の周辺地域の都市開発の編成
	自動車の代替手段を優遇する都市計画の促進
	道路配分の均衡化
基軸4：自動車のモビリティのよりよい再編	駐車場政策をモビリティ規制の手法とする
	交通静穏化と自動車交通のインパクトの制限
	都市内物流の再編
	自動車の合理的利用の促進
基軸5：モビリティ文化の共有	モビリティ当事者間の連携強化
	注意喚起とコミュニケーション手段の開発

のPDUは上位計画にあたる都市計画マスタープランや環境計画を満たさなければならない一方で、下位の計画である地区開発計画を拘束するという性格を持っている。ただしこれらの課題は、比較的簡単に解決できる側面もある。日本の地方自治体は総合計画や交通ビジョンなどの制定の裁量の余地が大きいため、地方自治体が地域のモビリティ全体を規定したビジョンなどを制定したり、総合計画において交通計画やモビリティビジョンとの関係を明確にしたりすることで、総合性・包括性の欠如を埋め合わすことは可能である。ＬＲＴ導入を目指す日本の地方自治体は、現行の法定計画をうまく活用しつつ、包括的なモビリティビジョンを自主的に制定することが必要であると言える。

(2) ほかの都市交通機関との連携

多くの人の移動が、ＬＲＴだけで完結することは稀である。また、すべての地域にＬＲＴサービスを行き渡らすことは不可能である。それゆえ、ＬＲＴとほかの交通機関と組み合わせた都市交通ネットワークを形成する必要がある。

第一に、ＬＲＴにとってもっとも重要なパートナーは路線バスである。路線バスとＬＲＴが共存・補完し合うようなネットワークを形成することがＬＲＴ成功の必要条件である。ＬＲＴ導入と同時に、ＬＲＴと並行する幹線バスは整理し、バス路線はＬＲＴのフィーダー路線に再編する。節約した車両や人員を用いれば、ＬＲＴが走らない地域のバスやフィーダー路線のバスの増発が可能となる。つまり、ＬＲＴ導入による幹線バスの縮小を、バス路線ネットワークの改良・拡充の機会ととらえる再編である。

第二に、自動車との補完である。公共交通の不便な地域に住む人にとってはマイカーが必需品である。パークアンドライドなどの手段を用いて、マイカーとＬＲＴの連携を図ることで、ＬＲＴ事業を成功に導くことができる。

第三に、徒歩や自転車交通との補完である。ＬＲＴ沿線の歩行空間の整備を図ることで、ＬＲＴは徒歩交通の改善に貢献できるほか、ＬＲＴ集客にも効果がある。停留所に安全な駐輪場を設けたり、任意のデポで乗り降り可能なレンタサイクル（ネットワークレンタサイクル）を実施したりすることで、自転車とＬＲＴの連携が可能となる。

第四に、タクシーや福祉交通、相乗り自動車といった「広義のパラトランジット」との連携である。都市交通計画は、これら「広義のパラトランジット」を都市交通体系に位置づけることを可能とする。

（3）事業スキーム

スキームとは計画の枠組みのことであるが、ここではＬＲＴ事業を推進するための財政面も含めた建設、維持、運営などを、関連する地方自治体や鉄軌道事業者らの計画主体がどのように分担するのかという意味で用いている。

日本の鉄軌道経営の最大の特徴は、独立採算制を採用していることである。このメリットとして、競争原理によるサービス改善や経営効率化へのインセンティブが高まることが挙げられる。しかしながら、独立採算制にはひとつ重大な欠陥がある。それは、社会的な見地からは必要であるが採算が取れない路線を廃線に追いやったり、新規開設を困難にさせたりするという欠陥である。これまでの日本の鉄道やバスの経営では、交通事業者に地域独占を認める代わりに黒字線（地域の幹線だけではなく、高速バスなど長距離路線を含む）の収益で赤字線の欠損を埋める内部補助で路線網を維持させることで、独立採算制の欠陥をカバーする方法を採用してきた。しかしながら、規制緩和とモータリゼーション進展の結果、黒字線の収益性が悪化して赤字線の欠損をカバーできなくなり、地方の鉄道や軌道で、廃線危機に見舞われた路線が増加した。すなわち、もはや今までの独立採算制のもとでは、堅調な経営の大都市圏を除けば、ＬＲＴの新設はおろか、既存の路面電車路線の維持すら困難な状況に陥っている。

そこで、日本において新しい公共交通の運営方式として、「公設民営方式」（ＰＦＩ：Private Financial Initiative）や「官民パートナーシップ方式」（ＰＰＰ：Public-Private Partnership）の導入が模索されている。ＰＦＩやＰＰＰは、インフラ整備や公共サービス供給において、公的部門の資金と民間企業の経営ノウハウをあわせることで、社会的共通資本の効率的な供給を実現させることを目的としている。ＰＦＩはイギリス、ＰＰＰはフランスで主に採用されており、ヨーロッパやアメリカのＬＲＴ整備ではメジャーな方式である。ＰＦＩやＰＰＰは日本のＬＲＴ導入においても有望な方式であり、現在の制度のもとでも工夫して導入できる可能性は高い。ＬＲＴ整備におけるＰＦＩ／ＰＰＰがもたらすメリットとして、上下分離方式の導入と、補助金マネジメントの導入が挙げられる。

上下分離方式

公的機関がインフラを整備・保有し、民間事業者が運営を担当する上下分離方式は、鉄軌道において公民分担の合理的な方法として世界中で採用されており、日本でも地下鉄を中心に採用例は多い。上下分離方式は、PFI／PPPによる鉄軌道運営の主力となる方法であり、フランスを中心に多くのLRTにおいて行政が施設を保有し、民間事業者に運営を委ねる上下分離方式を採用している。

しかしながら、日本においては軌道法で上下分離規定がなかったため、上下分離方式によるLRT整備は進まなかった。風穴を開けたのが、2007年の地域公共交通の活性化及び再生に関する法律である。同法の制定により、上下分離による路面電車の新線建設とそれに対する財政支援のスキームである軌道運送高度化実施計画が創設された。同計画の第一号認定となったのは、2009年12月に開業した富山市内線の環状線であり、日本初の上下分離の路面電車整備となった。2022年開業予定の芳賀・宇都宮LRTの整備においても、同計画に基づく上下分離方式を採用した。自治体のインフラ整備に関する財源の整備という課題が残り、LRT導入に踏み切れない都市が多いとはいえ、軌道運送高度化実施計画による上下分離方式の導入は、日本におけるLRT導入の強力な武器となっていることは間違いない。

補助金マネジメント

補助金交付で懸念されるのは、事業者が補助金漬けになって経営規律が失われ、コストが増大し、サービスが低下することである。そのため、LRTに対して補助金を交付する場合には、社会的便益の増進と運営事業者の経営規律の両立を図ることが求められる。

LRTに多くの補助金を交付しているフランスでの例を挙げると、多くの都市で線路や施設を都市自治体組織が保有する上下分離を採用している。そのため、自治体は運営事業者を変更することができる。競争入札によって運営事業者を選び、3～5年の短期契約で運行を委託する。いわば、自治体が入札を通じて最小の補助金で最大のサービスを提供してくれる事業者を選ぶ仕組みであり、オペレーターは契約終了のたびに入札で勝利しなければならず、入札時の競争によって経営効率を高めている。

また、補助金の交付方法自体にも工夫が凝らされている。多くの都市で補助金は定額であり、オペレーターに節約を促す。さらに、費用が嵩みすぎた場合は補助金を減額し、節約に大成功したときに補助金を増やすボーナス・ペナルティの仕組みも使われている。

このような、入札制度による事業者交替競争の導入と、定額補助金制度による経営規律の確保は、日本においても極めて有望な方法であると言える。日本においても、みちのりホールディングスや両備グループのように、全国レベルで地方公共交通の再生に携わる企業の活動例が増加している。これらの事例は地域独占に代わる新しい地域公共交通の経営モデルのひな形となりつつある。上下分離と入札制度の導入の素地は整いつつあると言える。

(4) 財　源

ＬＲＴの建設費は、地下鉄の十分の一、モノレールや新交通システムの三分の一と交通インフラ投資としては低廉といえども、1kmあたり20～30億円という金額は、鉄軌道事業者や多くの自治体にとって巨額の財政負担となる事実には変わりはない。それゆえに、ＬＲＴの建設費をカバーする財源の確保は、ＬＲＴ成功に不可欠である。しかし、建設費財源を確保するだけでは不十分であり、運営費の費用をカバーする財源をあわせて確保することが不可欠である。たしかに、高需要が見込まれるＬＲＴ路線ならば、建設費のみ公的負担とする上下分離を採用することで、運営費をカバーできるだけの運賃収入が得られる可能性が高い。鉄軌道の利用者が多い日本においては、建設費の償還がない公的負担とすることで、独立採算制の枠内で運営できるＬＲＴ路線は少なくないと考えられる。

一方で、本書の第1章で紹介した成功している海外のＬＲＴ先進事例では、ＬＲＴは赤字運営である。運営費補助となると毎年・毎年補助金を交付する必要があり、永続的な財政負担が発生する。さまざまな理由により、運賃を低廉な水準に抑え、その代わりに運営費に対する補助金を交付しているのである。ＬＲＴを導入する目的は、公害などの問題をひきおこした過度の自動車依存から脱却し持続可能な都市づくりに貢献することである。また、交通権の保障を謳う国では、低廉な料金での市民の公共交通機関へのアクセスの確保が政府や自治体の責務となる。そのため、クルマよりも安い料金で公共交通を利用できるようにしなければならず、また路線バスなどほかの公共交通機関とＬＲＴが一枚の切符で利用できる共通運賃制度の導入も求められる。本書で紹介した都市をはじめとする海外のＬＲＴは、地方自治体の予算で運営費補助を行い、市民は低廉な運賃で利用できるのが特徴である。

ヨーロッパやアメリカのＬＲＴは地域の社会・環境・経済の持続可能性の改善に貢献することを目的として導入されて

いる。これらの便益は社会全体に行き渡るものである一方、その便益を生み出す公共交通事業者が利益として回収できない。また、費用を利用者が支払う運賃のみでカバーしようとすれば高額な運賃設定となり、交通権を保障することができない。たとえば、バリアフリー化を進めれば車両建造費や設備費が高額となるが、市場ルールでは費用増加分は受益者が負担すべきであるとされてしまい身体障害者がより高い運賃負担を要求されるので、交通権保障に逆行する。それゆえ、ＬＲＴ導入を進める多くの国で、独立採算制を放棄し、財政からの補助を活用してＬＲＴを導入し運営しているのである。日本では、投資費用を上回る十分な社会的便益があり社会的に意義がある鉄軌道計画あるいは鉄軌道存続事業であっても、運賃収入面で採算が取れなければその計画や事業を遂行することは社会的な受容性から困難なことが多い。運賃は利用者からしか受け取れないが、これは非利用者ではあるが受益している地域の様々な利害関係者から何らかの受益者負担金を回収する仕組みがないことに起因する。運賃収入のみでは採算が取れない公共交通機関の整備、維持は、今後の大きな課題である。

（5） 地域活性化計画

ＬＲＴ計画を単なる交通施設整備計画にとどめるのではなく、都市域全体に効果をもたらすような公共投資計画と位置づけるならば、地域全体に関わる整備計画が必要となる。特に、ＬＲＴに高い採算性が期待できない場合や、民間のＬＲＴ事業者への経営の失敗への補助とのそしりを受けないためには必要である。

都心地域にデザイン性の高い車両、停留所、架柱、芝生軌道などを整備することで、都市景観・都市環境改善への寄与、都市アメニティの向上などの整備効果が現れている。また、中心市街地での周遊性や近接性を高めることで、観光開発、商業施設の活性化などにも大きな役割を果たしていると考えられる。

わが国においてＬＲＴ整備は漠然とした都心活性化への期待が強調されることが多いが、大胆な郊外開発やＬＲＴの持つデザイン面からの効果などについても緻密な計画を策定する必要がある。ただ、日本のＬＲＴ整備は前例がほとんどないため、その他の基盤整備でよく行われる事前事後分析のためのデータ蓄積がないのが整備効果検討の困難さをもたらしている。海外事例をうまく適用したり、あるいは国内の既存の路面電車に関するデータを工夫して用いたりすることが必要である。

4-3 軌道をどう敷設するか

(1) 軌道の基本的な敷設方法

路面電車の車両の幅は約2.5mであり、日本の場合、道路構造令（第9条の2）という道路整備の基準を示したルールによると、6m幅の空間があれば複線の軌道を敷くことができ、単線ならば半分の3mが必要になる。おおむね軌道1線は道路の1車線に相当すると考えてよい。

ただ、日本の街路の規模は自動車の通過台数や速度を基準に決められているため、現行のルール下では軌道と歩道だけの街路を建設しにくいのが難点である。自動車台数の代わりに通過人員数を基準にするなどの考え方の転換が迫られている。

LRVの重量は、長さあたりではバスと同程度だが、道路橋梁に軌道を併設する場合は軌道部分を頑丈に設計するケースが多いようだ。既設橋梁の場合は軌道部分の桁を取り替える場合もある。

軌道を単独で鉄道線路のように敷設（新設軌道という）する場合もあり、定時性確保や乗客の安全確保の観点では理想的である。

市街地に敷設する場合には、街路の中央に軌道を敷設するのが標準的である。この敷設方法をセンターリザベーション（中央寄せ）と呼ぶ。海外でもこの方法による区間は多い。電停を車道の中に設置することになるので、歩行者と自動車の動線が交錯してしまうことや、右折車が軌道を横切ってしまうことが難点であり、安全対策の工夫が必要である。

一方、軌道を街路の片側に寄せる敷設方法はサイドリザベーション（片寄せ軌道）と

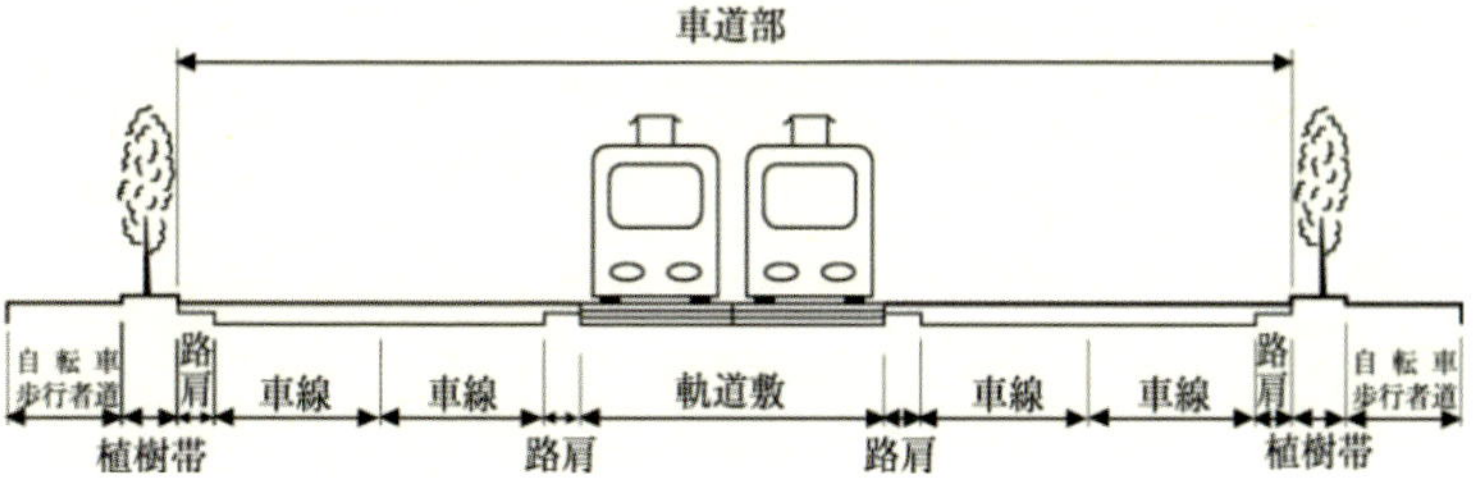

道路構造令に示された軌道敷のある街路の例

呼ばれ、ヨーロッパではよく見かける。交差点では自動車が軌道を横切ることになるが、信号制御により円滑で安全なトラム運行が実現されている。

札幌市では複線の軌道をそれぞれ歩道側に寄せており、どちらの方向の電車も歩道から直接電車に乗れるようになっている（両寄せ軌道）。沿道から街路への自動車の出入りが少ない場合には便利な敷設方法である。

（2）ルート選定

広幅員道路のほうが軌道の敷設自体は容易であるが、利用者の生活動線に沿ってLRTは運行されるべきであって、必ずしも太い幹線道路上ばかりを運行しても便利な交通システムになるとは限らない。集合住宅や戸建て住宅地などの居住地、中心市街や郊外ショッピングセンターなどの商業地、駅やバスターミナルなどの交通拠点、大学や高校などの学校、病院、オフィス街、娯楽地、公園などの日常生活拠点を結び、

センターリザベーション区間の電停
（ドイツ・ハイデルベルク）

軌道部分だけ改良した橋梁（富山ライトレール）

片寄せ軌道（ドイツ・ザールブリュッケン）

新設軌道（阪堺電車）

終点がショッピングセンター
（フランス・モンペリエ）

国鉄駅前への乗入れ
（フランス・モンペリエ）

実はユーロマークのモニュメントはトラム軌道の横
（ドイツ・フランクフルト）

戸建て住宅地の中を進む軌道
（フランス・モンペリエ）

高速運転を考慮したセンターリザベーション
（ドイツ・カールスルーエ）

終点が集合住宅
（フランス・モンペリエ）

時にはその都市の象徴的な場所をも通って、可能な限り沿線で生活が完結するようにすることが重要である。

逆に、新規に路線を整備することで開発ポテンシャルを高め、沿線へこのような生活拠点を誘導することも可能である。新線整備を都市構造転換の契機とすることができる。

（3）郊外に軌道を敷設する

郊外部分の住宅地などに乗り入れている部分では中心街などと同じく低速運転されているが、それ以外ではなるべく高速運転できるように軌道が敷設されている。日本では軌道法により路面電車の速度は時速40㎞に制限されているが、ヨーロッパのトラムは市街地において時速50㎞以上で運転されている。専用通路が確保され、交差点が少なく、信号制御が整っているなどの条件がそろっていれば市街地でも時速70㎞程度で運転されており、さらに鉄道線に乗り入れている区間では時速100㎞以上で運転されることもある。

高速運転する郊外部では、停留所間隔は長め（500m程度以上）で、可能な限り専用の軌道（日本での新設軌道相当）が確保されている。

一見するとサイドリザベーションのような軌道配置であっても、一般車や歩行者との交錯がないように施設配置されていることも多い。軌道を車が平面で横断する場合には、右左折待ちの専用レーンが設けられたうえで、右左折のタイミングが信号制御されている。

路線の分岐・合流についても平面の交差点で処理されることが多いが、平面交差しないように立体交差とされることもある。

立体交差で路線分岐（ドイツ・フライブルク）

サイドリザベーションだが一般車や歩行者との交錯がない（ドイツ・フライブルク）

日本の交差点における優先信号システムではバスなどの公共交通車両に対して青信号を長く、赤信号を短くするような制御がされているが、ヨーロッパやアメリカの優先信号システムではこのような制御がより強力であり、よほど大きな交差点でない限りトラム側の優先権が大きく、ほぼ無停止で通過できるようだ。

大きな交差点の場合は、交差点そのものを立体交差で回避しているケースも少なくない。旧式の路面電車では勾配を上り下りすることが困難であるが、新型車両を前提とした路線ではこのようなことが可能である。

なお、これらのさまざまな軌道の敷設方法のいずれも、十分な幅の歩道（片側あたり0.5～1車線分相当程度）が併設されている。

（4）中心街に軌道を敷設する

基本的にはヨーロッパの鉄道線は（田舎の小都市を除いて）都市内に踏切が設置されることは極めて希で、立体交差が原則になっている。トラムについても同様であり、鉄道駅やその周辺では鉄道線を高架や地下で越えるように軌道が敷設される。

都市中心部ではトラムを簡易地下鉄（メトロ、プレメトロなどと呼ばれる）として整備する場合がある。ただし、地下線の建設費は路面軌道に比べてかなり高価（数倍から十倍程度）なため、公共交通の独立採算が強く望まれる傾向のある日本では、なかなか成立しない形態である。

中心繁華街では、第3章で紹介したようなトランジットモールとして軌道が敷設されることもあるが、これ以外にもさまざまな方法で街路に軌道が敷設さ

トラム（右側通行）に対して進行（縦棒）表示が並ぶ
（アメリカ・ポートランド）

交差点と鉄道をアンダーパスで回避
（ドイツ・カールスルーエ）

れている。特に、中心街に軌道を敷設する場合、軌道を敷設できるだけの理想的な幅員の街路が見当たらないことが少なくないが、さまざまな工夫が見られる。

例えば、運転本数が少ない区間では、狭隘区間を単線で通過させる方法がしばしば見られる。もちろん信号制御されており、反対方向のトラムが鉢合わせしないようになっている。

また、歩道付き2車線相当の複線軌道を敷設することが難しい狭い街路において、軌道1線と車道1車線（一方通行）を敷設し、このような街路を2本1組で並行させる方法もよく見かける。この方法なら自動車交通流を止めることなく軌道を敷設でき、横断時に注意を払うべき方向は一方向だけで、電車はせいぜい数分に一度しか走らないので、歩行者は1車線分の自動車交通を気にするだけでよいという特徴がある。

日本の現行法制下では車道を省略することは容易ではないが、特にヨーロッパの狭隘街路では、中心街のトランジットモール以外でも軌道と歩道だけの街路はめずらしくない。このような区間では並行して自動車が通行できる街路が存在していることが多く、軌道のある街路を使わなくても自動車の利便は確保されている。

(5) 公園や広場に軌道を敷設する

ヨーロッパのトラム路線はしばしば公園の中を走行しているように見える箇所がある。

現行の日本の都市公園法では、「通路、鉄道、軌道、公共駐車場その他これら

鉄道線を高架で越える区間
（交差部に電停を設置して乗換）

都市中心部で地下化（フランス・ルーアン）

に類する施設で地下に設けられるもの」について必要やむを得ない場合は占用許可を出せることになっている（第7条の3）。公園内に通路を設けることもできるが、あくまで徒歩が基本であり、公園内の軌道通過は難しい。

だが、フライブルクの写真をよく見ると軌道部分と左隣の歩道は柵で分離されており、樹木も柵の外に植えられている。つまり、必ずしも公園と軌道が一体化しているわけではないということである。日本でも緑化した新設軌道（道路外の専用軌道）を公園の外縁部に整備することで、同様の軌道を実現することは不可能ではないと思われる。

また、カッセルの写真に示すようにヨーロッパの都市の中心では大きな広場の真ん中を軌道が突っ切っていることもある。ヨーロッパの都市では、こういった都市中心部の広場には地下駐車場が設置されていることが多い。

日本では広場は駅前広場であったり公園施設の一部であったりするが、前者についてはすでに姫路駅前でバスのみが乗り入れる街路が実現されているため、軌道をその道路に敷設することでヨーロッパの駅前にトラムやバスが乗り入れるのと同様のことは実現可能である。

とは言え、日本では車道を省略した軌道だけの街路が作りにくく、駅前以外では広場を突っ切る軌道という形態が実現

一部区間を単線で敷設（ドイツ・カールスルーエ）

「（車道＋軌道）×２」の敷設方法
（アメリカ・ポートランド）

狭隘街路を単線で通過（スペイン・グラナダ）

しにくい可能性がある。ヨーロッパでは軌道が併設された街路が中央駅などに近づくと、駅前部分だけ車道を地下に収容するとともに公共交通の通路は地上に通して電停やバス停を設ける方法がめずらしくない。

これを参考にするならば、軌道を車道に併設しておき、広場にしたい部分だけ車道を地下化して立体化された構造にすることで、地上に「安全な電停を設置する」ことは可能かもしれない。その電停周辺に公園の広場を設置すれば、広場を突っ切るトラム軌道というものが実現できるかもしれない。

(6) 軌道そのものの工事

軌道工事そのものは基本的には既にできあがった道路の舗装を取り除いて軌道を敷設するだけなので、通常の鉄道工事よりは簡易である。

まず、既存の舗装を剥がして整地する。旧式の路面電車軌道の場合はこの上に通

駅前広場へのトラムとバスの乗り入れ
(ドイツ・マンハイム)

公園内を走行するように見える軌道
(ドイツ・フライブルク)

バス・トラムは地上へ自動車は地下へ
(ドイツ・ザールブリュッケン)

広場を突っ切る軌道と電停(ドイツ・カッセル)

常の線路と同じく採石で道床を形成してマクラギを並べてレールを敷設する。近年の軌道では鉄筋を組むと同時にレールの位置をこの段階で調整する。防振用のゴムもこの段階でレールとともに設置する。

次にコンクリートを打設する。砕石を使わない一種の直結軌道であるためレールがずれにくく、敷設後のメンテナンスが少なくて済む。あらかじめ製作されたコンクリート板を使用することもある。

なお、ヨーロッパの軌道はアスファルト道路の表面にレールの頭だけ見えている状態で、日本の旧式の路面電車と同様の軌道を走行しているように見える区間があるが、次ページの写真のように、内部的にはコンクリート道床にレールが固定される構造になっていることがある。

軌道敷設前
（アメリカ・ポートランド）

道路舗装を剥がして整地
（アメリカ・ポートランド）

鉄筋を組むとともにレールも敷設
（アメリカ・ポートランド）

コンクリートを打設
（アメリカ・ポートランド）

軌道部分ほぼ完成
（アメリカ・ポートランド）

コンクリート道床にレールを固定
（スイス・バーゼル）

4-4　日本で導入するための制度

（1）国からの支援制度

ＬＲＴ整備に関わる国からの支援制度の概要について説明する。

都市交通の内、路面電車に対しても各種の支援制度はあったが、ＬＲＴというわが国においては新しい概念の交通システムを新規につくっていくには、各種の支援メニューから適切なものをうまく組み合わせ、しかもそれでもカバーしきれないものもあるなど煩雑で使いにくいものであったと言える。そのため、ＬＲＴ整備を総合的に支援するための「ＬＲＴプロジェクト」と呼ばれるスキームが２００５年に創設された[1]。文献２には、ＬＲＴプロジェクトについて以下のように記述してある。

「ＬＲＴの導入には、関係主体間の合意形成、コスト負担（初期投資や維持管理）、導入空間の制約などの課題を解決していく必要があることから、導入を計画している都市に対しては、関係部局（国土交通省都市・地域整備局、道路局、鉄道局、警察庁）で連携して、導入を目指す都市を支援するため、ＬＲＴプロジェクト実施要領を定め、随時各都市の策定段階の計画へのヒアリングやアドバイスを行うこと」としている。

文献１に基づいて、「ＬＲＴプロジェクト」の概念を図に示す。

ＬＲＴプロジェクトにはいくつかの特徴がある。第一の特徴は、ＬＲＴプロジェクト推進協議会の設置である。ＬＲＴは、従来からある路面電車の単なる近代化や改良ではなく、地域の公共交通を総合的に連携・整備する核となる交通システムであり、また道路空間の再配分、沿線土地利用・都市活動の再生・活性化、沿線都市景観の改善など、さまざまな都市政策、都市交通政策を総合的に実現するための基盤である。そのため、一つ目にはこれら地域公共交通連携・整備の計画主体として地方自治体が主導権を持つこと、二つ目には従来のような所管官庁による縦割り行政ではなく、交通事業者、利用者・住民、学識経験者、道路管理者や公安委員会から関連する行政機関などから構成されるということである。逆にい

ＬＲＴプロジェクト

～まちづくりと連携したＬＲＴの導入促進による環境にやさしく利用者本位の都市交通体系の構築～

LRTプロジェクト

国土交通省（都市局、道路局、鉄道局）、警察庁の連携のもと、LRTの整備に対して総合的に支援

LRTプロジェクト推進協議会の設置

事業者　自治体　有識者・NPO

国（運輸局、整備局）、公安委員会

▼

合意形成と計画策定

▼

計画について一体的・総合的に支援

▼

◇人と環境にやさしい都市基盤施設と都市交通体系の構築

◇利用しやすく高質な公共交通ネットワークの整備

◇生き生きとした魅力ある都市の再生

＜総合的支援のメニュー＞

①ハード整備に対する支援

〇LRT総合整備事業

次の各支援メニューによる一体支援

・低床式車両その他LRTシステム構築に不可欠な施設の整備を行う鉄軌道事業者に対する補助（鉄道局）

・路面、路盤、停留場の整備支援（道路局、都市局）

・総合的な都市交通の戦略に基づくLRTの施設(車両を除く)の整備に対して包括的に支援(都市局)

・道路管理者による走行空間の整備　等

② 速達性向上・輸送力増強

・道路と軌道の状況に応じた最高速度制限の検討

・運行管理システムの改善、・車両長制限見直し　等

③ 利便性の向上

・ICカード導入、・駅前広場など交通結節点整備

・鉄道線への直通運転、・片側敷設と歩道等との一体整備　等

④ まちづくりとの連携

・LRT関連事業の一体実施

（社会資本整備総合交付金等を活用した駅周辺／中心市街地活性化事業等）

⑤ 利用促進

・P&R駐車場・駐輪場の整備、・バス路線のフィーダー化、

・トランジットモール等の社会実験　等

LRTの整備等に対する総合的な支援スキーム

国土交通省

地方公共団体等向け（・公設部分　・事業者への間接補助　等）

社会資本整備総合交付金等

ＬＲＴの走行空間（走行路面、停留所等）、施設の整備等に対し総合的に支援

国費率：国　1／2等

【交付対象者】地方公共団体等

事業者向け

訪日外国人旅行者受入環境整備緊急対策事業

（交通サービス利便向上促進事業）

地域公共交通確保維持改善事業

ＬＲＴシステムの構築に不可欠な施設（低床式車両、制振レール、車庫、変電所等）の整備に対して補助

補助率：国　1／3等

【補助対象者】鉄軌道事業者

▼

上下分離方式などさまざまな官民の役割分担によるLRT整備を総合的に支援

ＬＲＴプロジェクトの概念図

出典：国土交通省ホームページ（http://www.mlit.go.jp/toshi/toshi_gairo_tk_000047.html）

えば、これら多岐にわたる関係者が連携して「都市・地域総合交通戦略」を策定して総力戦で進めなければLRTをつくることは困難ということでもある。なおこの協議会は、「地域公共交通の活性化及び再生に関する法律」（以下、地域公共交通活性化・再生法と略称）の第6条に沿って設立される法定協議会であり、都市・地域総合交通戦略に基づいて策定された計画は法定計画である。

文献3では、都市・地域総合交通戦略は以下のように説明されている。

『都市・地域総合交通戦略は、進展する少子・超高齢社会への対応、交通渋滞の緩和、交通に起因する環境負荷の低減等のため、過度に自家用車利用に依存することなく、徒歩、自転車、公共交通等の各モードが連携し適切な役割分担のもと、望ましい都市・地域像の実現を図る観点から、地方公共団体を中心として、関係機関・団体等が相互に協力し、都市・地域が抱える多様な課題に対応すべく、交通事業とまちづくりが連携した総合的かつ戦略的な交通施策の推進を図るものであり、もって魅力と活力があふれる都市・地域の整備を行うことを目的とする。』

先に図に示したLRTプロジェクトの第二の特徴は、国からの補助対象を地方公共団体向けと交通事業者向けとに分けて、支援内容を定めていることである。

まず自治体に向けては、「社会資本整備総合交付金」がある。社会資本整備総合交付金は、地方公共団体向け個別補助金を一つの交付金に原則一括し、地方公共団体にとって自由度が高く、創意工夫を生かせる総合的な交付金として創設された。基幹となる事業（基幹事業）、関連する社会資本整備（関連社会資本整備事業）、基幹事業の効果を一層高めるための事業（効果促進事業）というスキームで総合的・一体的に支援される。

これは、地方公共団体が主体的に都市・地域総合交通戦略を進めることができる仕組みの一つである。同時に、地域公共交通活性化・再生法に基づいてLRT事業が「軌道運送高度化事業」として国から認定されたならば、地方公共団体が軌道整備事業者として特許を受けることができ、LRTの走行空間（走行路面、停留所など）、施設、車両の整備、ICカードの導入などを地方公共団体が行うことが可能となり、その事業に対して国からの財政補助を受けることが可能となる。なぜこのような煩雑な仕組みが必要なのかは、軌道法第3条により、軌道を敷設する者は軌道経営者として国土交通大臣の特許を受けなければならないからである。路面電車の一形態であるLRTの走行空間や施設などのいわゆる「下部」を地方公共団体が軌道整備事業者として設置し、民間などの企業である軌道運送事業者が「下部」を用いて運行するいわゆる「公設民営」あるい「上下分離」がこれで可能となる。ＬＲＴ事業を担うのは、一般に従来の軌道事業者が多いと考えられるが、経営的にはそれほど強くはなく、線路や停留所を含めたインフラ部分の整備はなかなか困難であった。そこで、「公設民営」「上下分離」によって負担を少しでも軽くしてＬＲＴ整備の実効性を高めようとする仕組みである。

次に、事業者に向けては地域公共交通確保維持改善事業（利用環境改善促進等事業）がある。これは、バリアフリー化されたまちづくりの一環として、ＬＲＴ、ＢＲＴの導入等、地域公共の利用環境改善を促進するために行われる。当該補助制度は、鉄軌道事業者と地方公共団体等から構成されるＬＲＴプロジェクト推進協議会が策定したＬＲＴ整備計画に基づき実施される事業に対して支援を行うものである。

このように日本におけるＬＲＴ建設費財源の支援制度は着々と整備されているが、新設・既存路線の延伸とも実現例は少ない。背景として、国から補助される金額がそもそも少なく自治体の負担割合が大きい、現状の制度の大半は一般財源から拠出されるために安定した財源の確保が難しいということが挙げられる。

（2）日本の制度的な課題

以上のように、ＬＲＴ導入のための支援制度は徐々に充実してきているが、まだまだ不十分な点もある。例として、ＬＲＴ整備が旺盛なフランスの制度について概観する。フランスにおける旺盛なＬＲＴ整備は、制度的に三つの側面から裏づけられている。一つ目は、交通施設整備の理念的裏づけである。「国内交通基本法」やその発展型としての「交通法典」により、人々の権利としての「交通権」が明示されたこと、および「環境グルネル第一法」で、温室効果ガス排出削減のために、道路建設の縮小とＬＲＴを中心とする専用レーンを持つ都市公共交通の大幅な拡充が謳われたことである。二つ目には、地方行政組織が都市交通整備や運営を進めるための自主的財源としての「交通負担金制度」の存在である。三つ目は、都市整備と一体となった「都市圏交通計画制度」など、交通整備面での地方分権制度である。これら、理念、財源、地方行政組織の三位一体でフランスの都市交通転換政策が進んだものと考えられる。

一方、わが国では、総論的にはＬＲＴの良さが認められつつあるが、全国で数多く見られるＬＲＴ計画・構想都市の内、実際に開通したのはわずか富山市１市のみという現実がある。わが国で遅々としてＬＲＴ整備が進まない理由はさまざまなことが考えられる。まず、LRT計画がほぼ路線計画に終始し、それがまちづくりにもたらす効果や、関連する都市整備計画、環境計画、他交通手段との連携計画など、包括的計画が明らかにされないこと、次に、投資効果予測や経営計画などが十分なものではなく、自治体にとっては大きな負担となる事業費に対する市民理解が十分に進まないこと、さらに、市民に対する情報提供など、社会的合意形成のための仕組みが十分に確立していないことが挙げられる。

総合的・包括的な都市交通政策を推進するうえでわが国の制度が抱える主な課題は以下の3点である。まず1点目は、道路交通と軌道系交通とは競合関係・補完関係が存在するにも関わらず、これらを一体として計画する仕組みがわが国には存在しないことである。道路は公共投資で、鉄道・軌道は主に民間事業として進められている。2点目は、1点目とも関連するが、歴史的に公共交通は民間が担ってきたこともあって、これら軌道系交通に公的資金を投入する仕組みが十分ではなく、また私企業である交通事業者に公的資金を投入することの市民理解が得にくいことである。さらに3点目は、都市交通政策は地方行政が主体的に担うべきであるが、組織的にも財源的にもそのような権限を発揮するだけの仕組みが十分ではないことである。

２０１３年11月27日に成立した「交通政策基本法」の中では、交通による環境負荷の低減や、徒歩、自転車、自動車、鉄道車両などのすべての交通が有機的に連携すること、国、地方公共団体、交通事業者・管理者などの連携と協力、政府は交通施策を進めるための法政上、財政上の措置を講じることなど、かなり先進的なことが謳われている。フランスのような「交通権」の概念がないこと、実効性のある施策とするための仕組みや裏づけがまだ明らかとなっていないことなど不十分点は多々あるが、第一歩を踏み出した点は評価できる。

《参考文献》

1 国土交通省、「ＬＲＴの整備に対する支援」、http://www.mlit.go.jp/toshi/toshi_gairo_tk_000047.html
2 国土交通省、「ＬＲＴ等の都市交通整備のまちづくりへの効果」、45頁、２０１１年
3 国土交通省都市局、「都市・地域総合交通戦略のすすめ」5頁、２０１４年

4-5　LRT導入に関わる制度と社会的合意形成

今後、より一層LRT導入を進めるための制度と社会的な合意形成のあり方について、第1章でとりあげたフランスの事例を中心に、LRT先進国の経験から学ぶことは何かについて、問題提起という形で述べる。

(1) 交通法制と条例

2013年12月、交通政策基本法が制定された。交通政策基本法の制定の背景として、バス会社の倒産劇など、地方の公共交通の危機がもはや看過できない事態に突入したことが挙げられる。同法では、交通政策の目標を生活交通の維持や、環境保護・防災・インバウンド需要喚起などによる地域経済への貢献、と定義している。従来の交通諸法が「市場の健全な発展を通じた公共の福祉の増進」、すなわち独立採算制のもとでの競争が社会にとって良い結果をもたらす、という政策哲学に基づいていたのに対して、交通政策基本法は社会的な政策目標を上位の目標と規定したのである。

交通政策基本法の制定はLRT導入推進にとって有利ではある。しかし、LRT推進という観点からは同法には限界がある。第1章で紹介したフランスのLRT推進の原動力となったフランス国内交通基本法（1982年）と比較しながら、限界点を取り上げる。第一に、フランスとは異なり、交通権の明文化が見送られた点である。第二に、地方分権がなされていない点である。交通政策基本法制定は、確かに地方自治体の役割を重視する方向での改革であるが、フランスが地域交通の営業上の許認可権を地方自治体に委譲したのと比較すれば、中途半端であると言わざるをえない。第三に、財源の問題である。フランスは交通基本法制定とともに、交通負担金（交通税）の制度を改革し多くの地方自治体が交通負担金を徴収できるように改革したことと比較すれば、日本は財源の問題を先送りしていると言える。すなわち、LRT推進という観点からは、交通政策基本法はあくまで政治哲学的な正当性の付与という役割以上でも以下でもないと言える。

長期的な解決策は、上記の問題点を解消するための法制度改革が必要であるが、短期的には現実的な代案を検討する必要がある。有力な代案は、地方自治体が交通条例を制定することである。２００９年の金沢市を皮切りに、福岡市、新潟市、熊本市、高松市、岐阜市などで公共交通条例が制定されている[1]。福岡市の条例は、制定に携わった市会議員が「交通権を保障した条例である」と評価しており[2]、条例による交通権の明文化の可能性を示した点で画期的である。また、条例制定により地方自治体が公共交通事業者に対して一定の権限を持つことができる。交通条例の制定は、交通政策基本法のＬＲＴ導入推進の限界点をカバーするための有効な選択肢であると言えるだろう。

（２）地方自治体の財政負担

諸外国のＬＲＴプロジェクトに対する財政負担で一番重要な役割を果たしてきたのが、地方財政である。特に、運営費補助に関しては地域住民の生活を守る直接の責任を持ち、地域の実情に熟知した地方自治体が負担するほうが、政治的な面でも、補助金交付の規律維持の面でも望ましいと言える。ヨーロッパやアメリカの圧倒的多数のＬＲＴは、地方自治体の財政負担により運営費補助を行っている。例えば、本書で紹介したフランスの都市では、公共交通の運賃カバー率はアンジェ27％、ボルドー30％、ストラスブール40％、ディジョン26％、モンペリエ38％、トゥール33％となっており、残りは地方財政負担となっている[3]。日本においても、地方では公共交通の運営が成り立たなくなり、運営費補助財源の確保は多くの自治体にとって重要な課題となりつつある。また、建設費負担に関しても、内外を問わず自治体負担割合が高いため、自治体の建設費負担も重要な課題となる。

海外の例では、第一に地方自治体の一般財源から補助金を支出する国、第二に地方税として何らかの交通税の仕組みを導入する国、第三に公的資金以外の収入で補助を行う国の三つに分けられる。第一の地方一般財源からＬＲＴの費用負担をする国の代表例がスペインである。地域によって仕組みが異なり、サラゴサのＬＲＴでは市が財政負担を行っているのに対して、ビルバオではバスク自治州は財政負担を行っている[4]。第二の交通税を導入した国としてアメリカとフランスが挙げられる。アメリカの多くの都市では、売上税の税率に公共交通特定財源分を上乗せする仕組みが導入されており、市民団体の提案で導入したシアトル市を皮切りに、カリフォルニア州のＬＲＴなど広く採用されている[5,6]。フランスでは、域内の企業や事業所に課税する交通負担金制度が導入されている。実は、フランスのＬＲＴプロジェクトでは国の建設費補助の割合が小さいか皆無の事例が多い。これはLRT導入を決めれば地方自治体は交通負担金の税率を引き上げることができ、交通負担金税収だけでもLRTの運営費のみならず建設費をもカバーできる都市が少なくないからである[7]。第三の公的資金によらない方式として、ドイツを挙げることができる。ドイツの多くの町では、水道事業・市営電力・公共交通といった地域の公益事業を一括して運営する都市公社（シュタットベルケ）が設置されている。ドイツはほかの公益事業部門の黒字で、交通部門の赤字を埋め合わせる内部補助の仕組みを採用した。都市公社が運営し、水道や電力からの収入で公共交通の赤字をカバーするという方法である[8]。

地方交通に対する自治体の財源確保が課題となりつつある日本において、これら三つの方法のいずれも検討する余地がある。地方一般財源から支出する方法は、今の日本でも実行が可能である。高い需要が見込めるLRT路線や、地域経済や再開発に高い効果が見込まれるLRT事業ならば、スペイン・サラゴサ市のLRTのように思い切って地方一般財源で整備してしまうのも手である。10年など長いスパンで考えれば、料金収入や経済効果による税収増加で投資分が回収できるからである。また、内部補助によるドイツの都市公社方式も、財政負担増加がない分日本においても成り立つ可能性は低くない。一方で、フランスのような地方交通税の新設は、実現可能性は困難とされてきた。しかし、少子高齢化が進み地方財政が危機的な状況を迎えているなか、地方六団体の一つである全国市長会と日本都市センターは、ネクストステージに向けた都市自治体の税財政のあり方に関する研究会を設置し、2018年に新しい地方財政のあり方に関する提案書を公表した[9]。その中では地方交通財源の確保が重要な課題とされている。ユニバーサルデザインを実現するLRTは、超高齢化に直面する地域の課題を解決させる有力な手段であり、もし地方交通税などの新しい地方交通財源の確保に成功すれば日本におけるLRT導入が一気に進むことも期待される。

(3) 社会的合意形成

1) LRT成功には合意形成手法が不可欠

日本のみならず、ヨーロッパやアメリカにおいても多くのLRT導入が大きな反対に見舞われてきた。変化を畏れることが人間として自然な心理である以上、住民が漠然とした不安からLRTに反対するのもまた自然な感情である。それゆえ、ＬＲＴ先進都市では反対派の人々とじっくり話合い、不安をほぐしていくという選択をしたところが多い。反対派の人々を含めて、全市レベルで街の将来を考える機会を設定し、じっくり議論を行った。街の未来について異なる主張・立場の人々の間で真剣に考えて時間をかけて話し合ったので、人々の不安は解消し、合意形成に成功した。ヨーロッパやアメリカでは、公共事業に関する市民参加や合意形成に関する手法が発展してきており、ＬＲＴに関する合意形成もそれらの手法を駆使して成功した。また、日本の路面電車の存続・再生に関しても合意形成で他地域の手本となる事例も多く存在している。主たる社会的合意形成の手法として、直接民主主義による方法と、討議型民主主義による方法に分けられる。また、日本の公共交通存続・再生運動の特徴として、ＮＰＯ／ＮＧＯ活動の貢献がある。

２）直接民主主義による合意形成手法

直接民主主義による手法の代表例として、住民投票（レファレンダム）が挙げられる。すなわち、ＬＲＴ導入や路面電車再生策の是非に関して、住民投票で直接住民の意向を尋ねる方式である。住民投票は、直接住民の意思が反映されるため、その結果は重要な意味を持つ。住民投票でＬＲＴ導入が可決されれば、ＬＲＴ導入に対する強力な正当性を与える。一方で、住民投票には、賛意を得るためのハードルが高い、投票率が低い場合に賛否どちらの結果になろうとも正当性の評価を得られにくい、投票対象となる設問の設定が不適切だと住民の社会的総意とずれた結果がでる、というデメリットも存在している。そのため、住民投票をＬＲＴ導入の合意形成手法として用いる場合には、投票の様式自体の設定を適切に行わなければならないのはもちろんのこと、住民投票を設定する問題の提起そのものにも市民参加の手続を組み込む必要がある。

日本において特定の公共事業の是非を問う住民投票の多くは、反対派の意見表明の機会として用いられてきた傾向がある。すなわち、事前の世論調査やアンケートなどで一定数の反対派の存在がある場合に、事業実施の正当性を付与することを目的として実施されるものが多かったのである。一見すると、この住民投票は合理的なものであると思えるが、実は行政サイドが受け身の対応となる側面が強いものであり、実は受益者と負の影響を受ける主体が全く別の種類の公共事業においては社会的受容性を確認するためのプロセスとして有効であっても、ＬＲＴのように環境や交通権の増進といった社会的便益が高く公平性の改善の効果が高い事業に関する社会的合意を形成するための手段としては最適な制度設計とは言えない。というのは、このような住民投票は行政サイドが反対派住民を説得するための手段という性格があり、むしろ反対派住民のほうから意思表明の機会として実施を要求されるケースが多い。すなわち、従前の日本で実施された住民投票の手法では、ＬＲＴの便益を得る住民の声が反映されにくいというデメリットが存在する。ＬＲＴの重要な受益者として身体障害者が挙げられる。公平な社会の実現という目的に照らせば、身体障害者に代表される移動制約者の意思が反映されない形での住民投票の設計は、ＬＲＴ導入の住民投票として欠陥があると言える。

賛成派や受益者が主体となって社会的合意形成を行う直接民主主義の手法として、住民発議（イニシアチブ）が挙げられる。これは、住民団体やＮＧＯなどが一定数の署名とともに政策提言を行政に行った場合、行政サイドはその政策の実施に関する検討を行うこと、たとえば、発議された施策に関して地方議会は必ず審議しなければならないなどを義務づける制度である。ヨーロッパやアメリカのいくつかの国では、レファレンダムとイニシアチブを組み合わせた仕組みが導入されている。つまり、住民団体やＮＧＯなどから施策が発議された場合、その発議に関する住民投票を実施する仕組みである。イニシアチブによって住民投票で問う案件や設問を住民側が提起できるならば、住民投票はＬＲＴによって利益を得る住民や移動制約者や環境に配慮する市民の意向を反映させるものとすることができる。

直接民主主義の手法によってＬＲＴ導入に関する社会的合意形成を推進している国として、アメリカを挙げることができる。アメリカのＬＲＴ導入では、住民投票でＬＲＴ導入の最終決定を行うことが多い。住民投票で否決されると、ＬＲＴ導入プロジェクトはキャンセルされる。アメリカでは、ＬＲＴ導入のための財源調達のための増税、たとえば売上税上乗せによる交通税徴収など、に関する賛否という形で住民投票が行われることが多い[5]。また、アメリカの都市交通に関する住民投票は、行政サイドから提案された案件だけではなく、市民サイドからイニシアチブによって提案された案件も含んでいる。イニシアチブにより創設された制度として、売上税に上乗せ課税を行いＬＲＴなど公共交通の財源にする仕組みがある。これは、ワシントン州シアトル市のＮＧＯが、ＬＲＴ導入を目指して発議し、住民投票の結果可決されたことを発祥とする[6]。その後、この売上税上乗せ方式はカリフォルニアなど多くの都市で採用されるに至った。

これまでの日本の慣例に従った住民投票ならば、ＬＲＴ導入に対するブレーキとなるばかりか、ＬＲＴによって生活の質が向上する移動制約者の声を反映できないというデメリットがある。一方で、アメリカのように住民発議制度と組み合わせた住民投票制度ならば、ＬＲＴ導入推進の強力な武器となりうる。後述するように、日本では多彩なＮＧＯ／ＮＰＯ

活動が路面電車再生・活性化の原動力となっている事例が多いことを考えれば、住民発議を中心とした直接民主主義の仕組みを整備することは、日本におけるＬＲＴ導入の社会的合意形成手法の有力な将来像の一つであると言える。

３）討議型民主主義に基づく合意形成手法

ヨーロッパでは、市民と行政がコミュニケーションを重ね、討議ないし協議を進め、段階的に社会的合意形成を図る方法が一般的である。討議による社会的合意形成を重視するあり方のことを討議型民主主義と呼ぶ。これらの討議プロセスには、市民と行政が討議するプロセスと、市民同士が協議するプロセスの両方が存在する。これらの協議結果は直接的な決定ではなく、最終的な決定権は自治体の首長の権限であったり、地方議会の議決など立法機関の決定であったりするため、協議型民主主義はあくまで間接的なプロセスである。いくつかの国では、これら決定権限を持つ主体は協議結果を尊重する義務を負うような制度となっている。

フランスでは、あらゆる公共事業に対する協議による市民参加の実施が法律で義務づけられている。すべてのフランスのＬＲＴは、コンセルタシオン（Concertation、事前協議）と公的審査（Enquête Publique）の二つの合意形成プロセスを経て実現したものである[10]。コンセルタシオンは、計画策定段階の協議プロセスである。初期段階において市民への広報・公聴を図るとともに、市民の意見を聞き計画に反映させることを目的とするものである。公的審査は、計画決定段階における意思決定の参加プロセスである。事業案が議会に提出された際に、行政裁判所が選んだ第三者委員会を発足させて市民の意見を聴取し、報告書を議会に提出する。議会は公的審査の報告書を尊重したうえで議決する。公的審査の報告書は行政訴訟の判決の根拠となるため、もし行政が公的審査結果を無視して事業実施を強行した場合に、住民が行政裁判所へ訴訟を起こし、工事差し止めの判決が下される。フランスでは、この二つの法定プロセスによる討議・協議が重視されている。強力な反対運動に見舞われたストラスブールのＬＲＴでは、行政は住民協議会を５００回以上実施し、合意形成に成功した。

ドイツでは、プラーヌンクスツェレ（計画細胞の意味）と呼ばれる市民協議制度が発明され、一部のＬＲＴに関するプロジェクトでも採用されている。これは、無作為に選んだ市民リストの中から、世代や性別、居住地などの属性を考慮して、当該地域の住民分布にできる限り近い委員構成の第三者委員会を形成し、当該案件に関する是非を討議して行政当局に対する諮問案を作成するものである[11、12]。プラーヌンクスツェレは札幌市電環状化プロジェクトでも用いられ、市民委員会が提示した400mの新線による環状化と市電経営再建案が採用されたという経緯がある[10]。

討議型民主主義による手法は、行政サイドにとって莫大なエネルギーが必要となり、時間がかかるというデメリットがある。一方で、相互学習という大きなメリットがあり、討議を繰り返すなかで賛成派・反対派双方の住民や市民団体ならびに行政担当者の討議能力が上昇し、知見も向上していく。つまり、討議をくり返せば繰り返すほど、その地域の住民や行政が地域にとって最適な社会的合意形成を行うためのスキルが向上していくのである。日本においては、後述するようにNGO／NPOが合意形成に貢献してきており、相互学習という大きなメリットを生かせる素地は大きく、討議型民主主義も有望な選択肢である。

4）NGO／NPOとの協働

日本において、赤字の路面電車を活性化させて再生させるモデルケースとなったのが、第2章でとりあげた富山県の万葉線である。廃線危機に瀕していた際に、二つの市民団体が当時の沿線自治体、高岡・新湊両市と協働しながら、万葉線再生への市民の理解を得るためのさまざまな活動を行ったこともあり、最終的に行政が万葉線の存続・再生を決めたという経緯がある。市民団体には行政が設置した公式なサポーター組織である万葉線を愛する会と、純粋なNGOであるRACDA高岡の二団体があり、特にRACDA高岡は両市のすべての公民館にて啓発のための講演会を実施する「RACDAキャラバン」を実施するなど、市民サイドからの合意形成に大いに貢献した[13]。RACDA高岡の活動は、その後の赤字鉄道路線の再生に関する市民活動の手本となった。福井のえちぜん鉄道の存続や福井鉄道の再生、岡山電気軌道が再生に携わった和歌山県の貴志川線などに関わる市民団体は、人的交流面を含めてRACDA高岡からノウハウを吸収した活動である。万葉線の再生活動は、日本の路面電車の再生・活性化やLRT導入において、NGO／NPOが大いに貢献しうる可能性を示したという点で、極めて画期的であった。

RACDA高岡は、LRT導入の提言活動を行うことを目的に設立された岡山市の市民団体、RACDA（現：NPO法人公共の交通ラクダ）から暖簾分けする形で設立された経緯がある。岡山のRACDA自身も、LRTの新設を市民から提言する市民団体の一つの源流となったり、複数の事業者のすべての路線を掲載したバスマップを市民団体が作成するさきがけとなったりと、交通まちづくりNGO／NPOの元祖と言える存在である。これら路面電車愛好支援団体やLRT導入活動するNGO／NPOは全国的な交流を行い、各地の団体が持ち回る形で路面電車サミットが開催されている。提言活動を行ったり、行政と協働して社会的合意形成の一翼を担ったりするNGO／NPOは、日本において独自に発展してきた社会的合意形成手法であるといってよい。各地域における実績の積み重ねにより、NGO／NPOとの協働によるLRT導入の社会的合意形成は、国の制度の中で公式な方法として認められるに至った。2007年に制定された地域公共交通の活性化及び再生に関する法律において、地域公共交通総合連携計画（2014年改正以降は地域公共交通網形成計画）策定に関して自治体が設置する協議会に、行政・事業者・学識経験者などに加えて、住民・利用者の代表の参加も可能となった。LRTに関しては、福井県における福井鉄道やえちぜん鉄道の再生事業において、NPO法人ふくい路面電車とまちづくりの会（ROBA）の代表が協議会の委員となっている。

日本で独自に発展してきたNGO／NPOとの協働は、LRT導入に関する合意形成の手法として、今後とも発展させていくべきであると言える。直接民主主義・協議型民主主義いずれにせよ、海外の先進的な手法を取り入れる場合においても、このNGO／NPOとの協働実績をうまく生かす形で制度構築を行えば、日本の社会に適合したLRT導入を実現する社会的合意形成の手法確立を実現させることができると言える。

（4）都市自治体のイニシアチブ

本節では法制度、財政および社会的合意形成のための手法等について述べたが、最終的にはLRT導入を進める計画主体（都市・地域総合交通戦略によれば中心となるのは地方公共団体）が、どこまで熱意を持って指導的に計画を進捗させるのかにかかっているといえよう。ただし、それを進めるべきなのは首長であるかどうかは条件による。首長が中心になって前のめりで進めると、場合によってはLRT導入が過激な形で政治的な争点になってしまい、論点が正しく議論されないことや、選挙結果次第で計画が頓挫する可能性があるからである。

筆者らは、継続的にヨーロッパ諸国でLRTプロジェクトの調査を行っているが、計画主体の決意、思いを感じるような情景を見ることがある。たとえば、２０１７年秋に開通したスペイン、グラナダのＬＲＴはほぼ全線が複線で整備されているが、一部狭隘な区間がありそこでは複線を単線に絞っている。また、架線柱を立てる余地がないため、その区間は充電装置を積載した車両を走らせる架線レスとなっている。また、狭隘であるため自動車の走行は禁止されている。地元との合意や各種技術的課題をクリアする必要があっただろうと推察されるが、単線化、架線レス、自動車規制の３点セットで実現している。そこには、このまちになんとしてもＬＲＴを通したいという強い信念が感じられる。

　ＬＲＴプロジェクトを成功させるためには、都市自治体が総合的・包括的なモビリティ戦略を立案したうえで、様々な技術や技法を駆使して最適な路線や軌道設備の設計をおこない、公共交通ネットワークの再編を含むＬＲＴプロジェクトの整備効果や受益と負担に関する情報を市民に正しく伝えたうえで、様々な合意形成手法を駆使して市民の理解を得ることが必要である。すなわち、ＬＲＴプロジェクトを成功へと導く都市自治体のイニシアチブとは、都市政策上の確固たる哲学と徹底した情報公開によって社会的合意形成を成功させるものでなければならないのである。

狭い通りを走行するＬＲＴ（スペイン・グラナダ）

《参考文献》

1 南聡一郎、「条文比較分析からみる公共交通条例の含意」、交通科学 45巻2号、7-16頁、２０１５年

2 地域科学研究会企画・編集、「交通権（移動権）の保障制度　交通基本法を先駆けた福岡市生活交通条例　議員提案＆政策条例――理念・意義・仕組・設計」２０１０年

3 Cerema : "Transports collectifs urbains de province Évolution ２０１０-２０１５ Annuaire statistique" ２０１７

4　塚本直幸、ペリー史子、吉川耕治、南聡一郎、「スペイン、フランスおけるトラム整備に関する研究―6都市を事例として」、大阪産業大学人間環境論集15　101-137頁、2016年
5　西村　弘、「クルマ社会アメリカの模索」、白桃書房、1998年
6　鎗田邦男、「市民化されたアメリカの地方公共事業-シアトル・メトロの経験」、金澤史男編著「現代の公共事業-国際経験と日本」日本経済評論社、181-211頁、2002年
7　南聡一郎、「フランス交通負担金の制度史と政策的含意」、「財政と公共政策」34巻2号、122-137頁、2012年
8　諸富　徹、「エネルギー自治・シュタットベルケ・地域経済循環」、地方財政 55巻11号、4-16頁、2016年
9　ネクストステージに向けた都市自治体の税財政のあり方に関する研究会・全国市長会政策推進委員会・（公財）日本都市センター、「ネクストステージに向けた都市自治体の税財政のあり方に関する研究会報告書」2018年
10　南聡一郎、「自治体公共交通政策における市民参加の日仏比較―鉄軌道の再生・導入を例に」、大久保規子編著、「緑の交通政策と市民参加」大阪大学出版会、205-230頁、2016年
11　篠藤明徳、「まちづくりと新しい市民参加ドイツのプラーヌンクスツェレの手法」イマジン出版、2006年
12　ペーターディーネル著（篠藤明徳訳）、「市民討議による民主主義の再生プラーヌンクスツェレの特徴・機能・展望」イマジン出版、2012年
13　路面電車と都市の未来を考える会・高岡（RACDA高岡）編著、「万葉線とRACDA高岡5年間の軌跡」2004年

と、このような道路の「私的感」に十分配慮することが、計画をスムーズに進めるためのカギとなる。例えば、堺市の東西鉄軌道と呼ばれるLRT計画の際には、市民の間に線路が敷設されると店の前に客の車が停められなくなるとの異論があった。店の前の道路は元々駐車禁止なのだから、このような反対論は理不尽ともいえるが、これまで短時間ならば特にとがめられることなく停められていたという「既得権」からすれば、そのような異論も理解できなくはない。

逆に、人々が道路に対して「私的感」を有しているが故に、日本の道路はゴミの散らばっていない清潔な状態を維持できていると見ることもできる。その分、日本の道路は維持コストが安くなっているかも知れない。たとえば、上記の調査の中で、「管路工事が自宅前で行われて出入り等の不便が生じても、あなたは協力しますか？」という質問も行ったが、日本では積極的か渋々かは別にして「協力する」と回答した人が100%であったのに対し、ドイツでは「協力できない」と答えた人が79%もいた。道路空間は公共空間であるが故に公が私権を制限することには敏感なドイツと、一定の不満は持ちつつも最終的には協力せざるを得ないと考える日本と、これらの市民意識が行政コストや法制度の差となって現れているであろうことは、興味深い課題であると思われる。

日本では自宅直近の道路に対する「私的感」が極めて高いので、LRT整備に伴う道路空間の再配分についてもこのことを考慮した計画とすることが、事業の社会的合意を得る上で重要である。また、私的制限に対する抵抗度の高いドイツに比較して、わが国では、行政が進めることについては渋々ではあっても、最終的には認めることの多い風土であるとも見ることができる。従来、既得権も含めた権利関係があいまいなまま、ある場合には行政の恣意的施策と地域有力者だけの根回しで進められた事業も多い可能性もある。しかし、近年のわが国市民の権利意識の増大と行政活動の公平性・透明性・客観性の確保という点から、市民意識に十分配慮しつつLRT計画に関わる制度の整備も必要であろう。

コ ラ ム

道路空間の「公共性」に関する市民意識

LRTや路面電車の整備に不可欠な道路空間の再配分に関連して、自宅直近道路空間の「公共性」あるいは逆に「私的感」に関する市民意識を把握するために、日本とドイツで調査を行ったことがある。日本の代表としては大阪府堺市を、ドイツの代表としてはヴュルツブルク市を選んでアンケート調査を行った。共に路面電車の通っているまちである。

まず、「自宅前道路に誰か知らない人の車が駐車していたらどう思いますか？」という質問に対して、堺市では「迷惑だ」という人が95%、対するヴュルツブルク市では「迷惑でない」という人が64%で、まったく反対の傾向にあることがわかった。次に、「あなたは自分の家の前の道路を掃除しますか？」という質問に対して、堺市では88%の人が「掃除する」と答えた。その一方でヴュルツブルク市では、70%の人が「掃除しない」と答え、これもまったく反対の傾向にあった。

地域や道路、交通の事情がなるべく似ている地域を選んで質問したので、この正反対の傾向は、人々の道路に対する考え方、感じ方がそのまま出ているものと思われる。すなわち日本（堺市）では、自宅直近道路が他の利用者に占有されていることに対する嫌悪感が強く、一方で道路の清掃を自ら積極的に行うなど、自宅前道路があたかも自分の家の空間の延長のように感じている人が多いことがわかる。逆にドイツ（ヴュルツブルク市）では、日本とは反対の傾向を示し、自宅前であろうとも道路空間自体は公共のものであって、自分が主観的・主体的に関わるようなものではないという意識の強いことが窺われる。

道路空間に対する「公共性」意識に対する日独の差違は、文化的・歴史的に醸成されてきたもので、いわば既得権の問題として考えられ、単純にどちらがいいか悪いかの議論ではすまない。日本で歩道拡幅やバス、路面電車等の公共交通整備のための自動車交通の一定の規制等、道路空間の再配分に関わる計画を進めようとする

◆本書のベースとなった学術論文（発行年順）◆

1 塚本直幸・林良一、「道路空間の『公共性』に関する市民意識の日独比較」、大阪産業大学人間環境論集8、83-93頁、2009

2 塚本直幸、「大都市近郊の政令指定都市・堺のチャレンジ」、「IATSS Review」、Vol.34、No.2、204-212頁、2009

3 塚本直幸・吉川耕司・波床正敏・ペリー史子、「拠点型官学連携施設の成果と課題に関する研究－さかいＬＲＴ研究交流センターの活動記録に基づいて－」、都市計画論文集No.46-3、991-996頁、2011

4 南聡一郎、「フランス交通負担金の制度史と政策的含意」、財政学研究会、34巻2号、122-137頁、2012

5 南聡一郎、「フランスにおけるサステイナブルな都市交通政策－交通財政・交通経営を中心に」京都大学大学院経済学研究科博士論文、132頁、2013

6 伊藤雅・塚本直幸・ペリー史子・波床正敏・吉川耕司、「ＬＲＴプロジェクトの成立要件に関する事例考察－スペインにおける事例調査に基づいて－」、日本都市計画論文集Vol.48、No.3、189-194頁、2013

7 波床正敏・ペリー史子・塚本直幸・吉川耕司・伊藤雅、「トランジットモールにおける歩行者のＬＲＴ軌道横断に関する分析－ドイツの2都市における現地調査に基づく分析－」、日本都市計画論文集Vol.48、No.3、411-416頁、2013

8 塚本直幸・伊藤雅・ペリー史子・波床正敏・吉川耕司、「スペインでの事例調査に基づくＬＲＴ事業要件に関する考察」、大阪産業大学人間環境論集12、33-93頁、2013

9 伊藤雅、「軌道緑化に対する住民意識構造とその整備効果に関する研究」土木学会論文集D3（土木計画学）、Vol.69（土木計画学研究・論文集第30巻）、I-621-I-628頁、2013

10 塚本直幸・ペリー史子・吉川耕司、「路面電車運行都市の特性に関する基礎的分析」、日本都市計画論文集Vol.49、No.3、417-422頁、2014

11 塚本直幸・南聡一郎・吉川耕司・ペリー史子、「フランスにおける都市交通体系の転換に関する考察」大阪産業大学人間環境論集13、25-60頁、2014

12　ペリー史子・塚本直幸、「ＬＲＴプロジェクトと公共空間デザインに関する考察　－フランス５都市における現地実態調査に基づいて－」、日本都市計画論文集 Vol.49、No.３、３９９－４０４頁、２０１４

13　塚本直幸・南聡一郎・吉川耕司・ペリー史子、「フランスにおける都市交通政策の転換とトラムプロジェクト　－ル・アーブル、オルレアン、トゥールを事例として－」、大阪産業大学人間環境論集14、57－１０２頁、２０１５

14　波床正敏・伊藤雅・ペリー史子・吉川耕司、「トランジットモールにおける軌道上歩行者の横断角に関する考察　－欧州各都市における現地調査に基づいて－」、都市計画論文集 No.50－３、３７１－３７８頁、２０１５

15　波床正敏、「トランジットモールとなっている都市街路の静寂性に関する調査　－街路騒音の現地調査に基づいて－」都市計画論文集 No.51－３、４３８－４４３頁、２０１６

16　波床正敏・村上悟、「トランジットモールにおけるＬＲＶ走行音が歩行者横断に与える影響の分析」、土木学会論文集Ｄ３（土木計画学）、Vol.72、No.５、（土木計画学研究・論文集第33巻）、Ｉ－９７５－Ｉ－９８４頁、２０１６

17　ペリー史子・塚本直幸・波床正敏、「イギリスにおけるトラム整備プロセスに関する考察　－ノッティンガムを事例として－」、都市計画論文集 Vol.51 No.３、１２５７－１２６４頁、２０１６

18　ペリー史子・塚本直幸、「ノッティンガムにおけるトラム導入のプロセス」、大阪産業大学人間環境論集15、85－99頁、２０１６

19　塚本直幸・ペリー史子・吉川耕司・南聡一郎、「スペイン、フランスにおけるトラム整備に関する研究　－６都市を事例として」、大阪産業大学人間環境論集15、１０１－１３７頁、２０１６

20　ペリー史子・塚本直幸、「都市景観構成要素としてのＬＲＴ停留所デザインの特徴に関する時系列的考察－欧州33都市での現地実態調査に基づいて－」、都市計画学会、都市計画論文集 Vol.52 No.３、２８５－２９２頁、２０１７

21　波床正敏、「トランジットモールを含む市街地における歩行者ゾーンと自動車系街路網の形態に関する研究　－中心市街地の街路網におけるトランジットモールの位置づけ－」都市計画論文集 No.52－３、２７７－２８４頁、２０１７

索引

■さ行

■た行

索引

■な行

■は行

■ま、や行

■ら行

■英字

あとがき

　ＬＲＴは都市交通手段のひとつであるから、種々の都市交通問題解決のための役割を果たすのは当然である。本書ではこれ以外にも、自動車に起因した騒音・排ガスの削減や芝生軌道等の整備による都市の環境保全、歩行環境の改善や商業資本の呼び込みと連動した都心の再生、郊外沿線地域の立地促進による都市成長、デザイン豊かなＬＲＴとその関連施設整備による都市空間の上質化とアメニティの向上等、交通機能以外の多様なＬＲＴの役割について述べてきた。これらは、ＬＲＴ整備効果の代表例ではあるが、他にも種々の使われ方が考えられる。

　変わったところでは、ドイツ・ドレスデンには貨物トラムが走っている。まちの両側にある工場間の貨物輸送はまちを横断するので、排気ガスを出さない交通手段としてトラムが選ばれた。イタリア・ミラノのトラムレストラン、ドイツ・カールスルーエのビストロトラムなど、路面電車でご飯が食べられるものもある。日本にも、豊橋には走る屋台「おでんしゃ」がいる。

　フランスの都市周辺地区には、歴史的経緯から移民およびその2世、3世、あるいは低所得者層のための団地が建っている。こうした地区の住民は、従来からのフランス社会にとけ込みにくく、独自のコミュニティを形成し、またそれらの地区は治安悪化やスラム化することが多い。自動車の保有率も低いため、利便性の高い公共交通がなければ都心にも出てきにくい。そこで、これらの地区と都心とをつなぐ安価で利便性の高いＬＲＴを通すことで、社会的に孤立している人々を都心に呼び込み社会的な融和を図る手立てとされている。すなわち、社会政策としてＬＲＴが活用される例である。このように、ある地点間の旅客輸送だけでない多様な役割がＬＲＴにはある。

　日本の多くのまちで、ＬＲＴの計画、構想、要望があるが、なかなか実現してこないことの要因の一つとして、あまりにも交通施設計画の側面ばかりが強調されてしまうことが考えられる。そのため、他の交通手段である自動車、バス、鉄道、モノレール等との比較優位性の議論に終始し、あるいは採算性ばかりが重視される等のことがおこる。これらは重要な事項ではあるが、それよりも前に自分たちのまちをどんなまちにしたいのかという観点からの深い考察が必要である。すなわち、どんなまちにしたいのかということとめざす都市交通体系はどんなものであるのか、ということは密接に関係しており、都市の将来ビジョンなしには都市交通体系のあり方は定まらない。

LRTは単なる新型路面電車ではなく、都市計画、都市交通計画にきちんと位置づけられたものでなければならず、そのためには目指す都市のイメージ固めが必要である。LRTは多様な働き方をする豊かな乗り物である。我々が都市の将来ビジョンをきちん描き、その中でLRTにどのような働きをさせるのかということから考えれば、自分のまちにほんとうにLRTは必要なのかも含めて、実効性のあるLRT計画の立案が可能となろう。

本書がそのお手伝いになれば、こんなうれしいことはない。

本書は、筆者らの研究グループがこの10数年にわたって調査・研究を進めてきた成果を、専門家でない方にもわかりやすく理解していただけるように執筆した。

本書のベースとなった科学研究補助費の一覧を以下に示す。これら以外にも、大阪産業大学の学内研究組織の資金助成等に基づいても研究成果を生み出したが、多岐に渡るためここでは割愛する。これらの助成により筆者らの研究は進んだ。

1 道路の「公共性」対する市民意識の日独比較 - 路面公共交通整備を目的として
年次：2005-2006、課題番号：17656166、研究種目：萌芽研究、代表：塚本、分担：木村

2 環境的に持続可能な交通に向けたパッケージ型交通施策に関する研究
年次：2008-2010、課題番号：20310028、研究種目：基盤研究（B）、代表：青山、分担：伊藤、今川、大西

3 啓発活動が都市交通施設整備に対する市民意識に与える影響に関する実証的研究
年次：2008-2011、課題番号：20560498、研究種目：基盤研究（C）、代表：塚本

4　社会的合意形成のための要件を組み入れたＬＲＴ導入の適合性評価手法の構築
年次：２０１１-２０１３、課題番号：23560635、研究種目：基盤研究（Ｃ）、代表：吉川、分担：塚本、伊藤、波床、Perry

5　海外現地調査に基づくトランジットモールの構造が歩行者行動に与える影響分析
年次：２０１２-２０１５、課題番号：24560651、研究種目：基盤研究（Ｃ）、代表：波床、分担：Perry、塚本、伊藤、吉川

6　歴史的市街地の観光魅力度向上に資する街路空間の運用指針に関する実証的研究
年次：２０１２-２０１５、課題番号：24611030、研究種目：基盤研究（Ｃ）、代表：伊藤

7　都市公共空間構成要素としての公共交通施設のデザインプロセスに関する研究
年次：２０１２-２０１６、課題番号：24560772、研究種目：基盤研究（Ｃ）、代表：Perry、分担：塚本、波床、吉川

8　路面公共交通整備に伴う地域変遷の実証的研究
年次：２０１５-２０１７、課題番号：15K06264、研究種目：基盤研究（Ｃ）、代表：塚本、分担：Perry、吉川

また研究の過程で大変多くの方にお世話になった。阪堺電車、富山ライトレールを始めとする軌道事業者の方々、堺市、札幌市、鹿児島市など多くの行政の担当者の方々には、筆者らのヒアリングに応じていただき貴重なお話や情報をいただいた。国外でも、フランスのアンジェ、ブレスト、トゥールなど9都市、スペインのサラゴサ、セビーリャなど4都市、イギリスのノッティンガムやドイツのカールスルーエなどで、都市交通の担当者、トラム運行事業者の方々から有益なお話や資料あるいは施設見学・紹介をいただいた。心より感謝する次第である。

本書の執筆にあたっては、技報堂出版株式会社の石井洋平氏には大変ご尽力をいただいた。厚く御礼を申し上げる。また、本書は大阪産業大学学会出版助成を受けたものであり、ここに謝意を表する。

本書の内容に基づいて
講演会、シンポジウム、勉強会等の講師を務めることは可能です。
出版社を通じてご連絡下さい。

路面電車レ・シ・ピ
住みやすいまちとLRT

定価はカバーに表示してあります.

2019年3月16日　1版1刷発行

ISBN978-4-7655-4486-3 C2065

編著者　塚本直幸
発行者　長　滋彦
発行所　技報堂出版株式会社
〒101-0051　東京都千代田区神田神保町1-2-5
電話　営業（03）（5217）0885
　　　編集（03）（5217）0881
　　　FAX（03）（5217）0886
振替口座　00140-4-10
URL　http://gihodobooks.jp/

日本書籍出版協会会員
自然科学書協会会員
土木・建築書協会会員

Printed in Japan

絵：Mariko Perry　組版：田中邦直　印刷・製本：昭和情報プロセス